JN098047

花咲く大和言葉の森へ

日本語の新起源論から
新釈万葉集へ

近藤健二

松柏社

はしがき

　この小ぶりな本の中身はいろいろです。拙著『弥生言語革命』（松柏社）をベースにしながら日本語の起源を説くとともに，不詳の枕詞の謎解きを試みたり，万葉集の難訓の解読に挑戦したりします。また，渡来系弥生人の出自の問題についても論じます。

　本書での話の流れをあらかじめ知っておいてもらうために，ここで各章ごとにそのあらましを述べておきましょう。

　第1章「世界の言語はつながっている」は，現生人類の起源が1つであるように世界の言語ももとは1つであったと想定したうえで，その痕跡が見つかるかどうかを確かめようとするものです。具体的には古代中国語を比較の中心にすえて，これとアイヌ語，ウイルタ語，タミル語，インド・ヨーロッパ祖語との比較を試みます。そんな馬鹿げたことをしてみたところで果実のかけらも収穫できないと笑われそうですが，やってみなければわかりません。やってみると，意外な事実が判明しそうです。

　第2章「日本語は古代中国語に似ている」では，系統的に無縁と思われている古代中国語と古代日本語とを比較して，両言語間に同源と見なされる語が数多く存在することを指摘します。信じられないような話ですが，日本語と中国語は系統的につながっているのです。

　第3章「日本語の礎は渡来人が築いた」では，古代中国語の熟語表現が日本語の形成に深くかかわっていることを指摘します。そのうえで，弥生時代の日本で渡来系弥生人の母語が縄文語に代わる新たな日本語に進化したことを明らかにします。こんなことをいうと何やらうさん臭いと思われるかもしれませんが，この章

で取り扱う問題は日本語の起源だけでなく，日本人の起源を考えるうえでもきわめて重要です。

　第4章「枕詞の謎々を解く」は，語義不詳あるいは係り方不詳とされるいろいろな枕詞を取りあげて，それらに対して独自の解釈を与えようとするものです。従来の解釈の誤りも指摘します。誤った解釈は驚くほど多く見つかります。枕詞は漢語の知識を駆使した謎々であるという考えを前提にして謎解きを試みますが，狙いどおりにいけば，興味をもって読んでもらえる章になるかもしれません。

　第5章「万葉集の難訓を訓む」は第4章に続く私の挑戦的な試みです。万葉歌の原文はいわゆる万葉仮名で書かれていますが，解読できない難訓と呼ばれる箇所がいろいろとあります。これらの難訓の正しい訓みを中国語との比較を通して明らかにしようと思います。

　第6章の「渡来系弥生人のふるさと」では，日本にやって来た水稲耕作民の故郷が朝鮮半島や南太平洋の島ではなく，おそらく南中国であることを，朝鮮語や南島語の起源，また古代地名の成り立ちと連動させながら論じます。

　目標が多岐にわたって焦点ぼけしているようですが，私としては，第1章から第3章までが基礎編で，第4章から第6章までが応用編のつもりです。基礎あっての応用ですから，まずは基礎編に目を通してください。第4章の「枕詞の謎々を解く」から読みはじめると，十分な理解が得られないかもしれません。

《凡例》

1 引用文の表記

1) 原典における句点 (、) はコンマ (,) に変えました。

2)「……」は原典の一部を省略したことを示します。

2 古代中国語の発音表記

本書で引き合いに出す古代中国語の発音は藤堂明保・加納喜光編『学研新漢和辞典』(学習研究社) に記載されている推定音に準拠していますが，一部を次のように変えました。

1) 語頭に現れる無声の喉音 h を x の表記に変えました。(同じ喉音の ɦ は有声音，・は消失寸前の音です。)

2) 息を伴った k‘, p‘, t‘ などの音を kʰ, pʰ, tʰ などの表記に変えました。

なお，th, dh は強い息を伴った音，ḍ, ṃ などは破裂が弱い音，ǎ，ě などは緊張した音，ɪ は i よりも曖昧な音，ï は i (ɪ) と e との合体音，ö は i (ɪ) と o との合体音です。

3 同源の語の組み合わせの表記

起源が同じであると判断される語を次のように表します。

tɪok (竹)「たけ」= タケ／タカ (竹)

tɪok は古代中国語の発音，( ) 内の「竹」はその漢字表記，「 」内はその意味を表します。一方，タケ／タカは日本語の発音で，「／」は「あるいは」を表します。( ) 内の「竹」は古語辞典に記載されている一般的な漢字表記です。

目　次

花咲く大和言葉の森へ

日本語の新起源論から新釈万葉集へ

第1章　世界の言語はつながっている

　現生人類の起源が1つであるという考えは，いまや人類学の常識です。したがって，世界の言語が1つの源から発したと考えるのは自然な発想です。この点について私は人を驚かせるようなことをいっているつもりはありません。問題は，そのような考えを言語学的に裏打ちできるかどうかです。

　いまからやろうとしていることを具体的に説明しましょう。まず，アイヌ語，ウイルタ語，タミル語，インド・ヨーロッパ祖語のそれぞれと比較する対象として古代中国語を選びます。古代中国語は紀元前600年ころまでに成立していたといわれる『詩経』などの音韻研究を通じてその発音が推定音としてほぼ明らかにされています。本書での発音表記は，藤堂明保・加納喜光編『学研新漢和辞典』(学習研究社) に記載されている藤堂明保の推定音がもっとも古い古代中国語音を反映していると考え，ほとんど全面的にそれを依りどころにしました。

1　古代中国語とアイヌ語との比較

　海部陽介 (2016) は，初期現生人類の遺跡地図にもとづいて，約5万年前にアフリカを出た現生人類がユーラシア大陸全体に爆発的な勢いで拡散していったと述べています。東方へと向かった集団は西アジアで二手に分かれ，ヒマラヤ山脈の南ルートをた

4

どった人々はインドを経て4万8000年〜4万7000年前までに東南アジアに達し，4万7000年前までにはオーストラリアに達していたといいます。さらに一部の集団は東南アジアから北上して，3万8000年前ころには東アジアにやって来ていたということです。そして北ルートをたどった集団はシベリアを経て遅くとも3万9000年前までに中国大陸の北部に出現していたといいます。こうして，南ルートを進んだ集団と北ルートを進んだ集団とに分かれてから約1万年後に，それぞれの末裔が東アジアのどこかで再会したと海部は述べています。

　さて，アイヌはどこからやって来たのでしょうか。海部によれば地球の寒冷化が進行していた2万5000年前ころシベリアから南下した人々の一部がアジア大陸の北部と地続きであった現在の北海道の地域に入って来たということですから，アイヌは彼らの子孫であり，アイヌ語は北方アジアの言語と縁の深い言語であると推定されます。

　そういうアイヌ語を古代中国語と比較してみました。そして両者の間に同源と見なされる語を見つけました。その一部を下に示してみましょう。なお，アイヌ語の表記は田村すず子著『アイヌ語沙流方言辞典』(草風館)に準拠します。

kab (蓋)「おおう・ふた」＝ kamre「かぶせる」
　◆kamre の -re は「〜する・〜させる」を意味する他動詞語尾。

kʰug (叩)「たたく」＝ kik「たたく・うつ」

fɪuar (為)「なす・つくる」＝ kar「つくる」

fɪuān (玄)「くらい・くろい」＝ kunne「くらい・くろい」
　◆kunne の -ne は「〜である・〜になる」を意味する自動詞語尾。

ɦiuər (回)「まわる・まわす」＝ kari「まわる・まわす」

ɦiuət (穴)「あな」＝ kot「くぼみ」
　　◆kotne「へこむ・くぼんでいる」は kot に自動詞語尾の -ne が付いた形。

xɪuər (輝)「かがやく・かがやき」＝ her「つや・ひかり」

bɪar (皮)「かわ」＝ mour「毛皮の上着」

mɪăŋ (明)「あかるい・あける」＝ mike「ひかる・かがやく」

pɪar (陂)「さか・つつみ」＝ pira「がけ (崖)」
　　◆hur「山の急坂」もこれらと同源。

pʰɪar (披)「ひらく・おしひらく」＝ pirasa「ひろげる」
　　◆pirasa の -sa は他動詞語尾の一種であろう。

pʰuar (破)「やぶる・やぶれる」＝ pere「やぶる・わる」
　　◆perke「やぶれる・われる」は自動詞語尾が付いた形。

sïəm (滲)「しみる」＝ sime「(木の皮で) そめる」

suən (孫)「まご」＝ san「子孫」

tsʰiŭg (秋)「あき」＝ cuk「あき (秋)」

tsʰuən (村)「むら・むらざと」＝ kotan「むら・集落」
　　◆kotan の ko- は「〜と一緒に」を意味する接頭辞の一種。

tek (滴)「したたる・しずく」＝ cik「したたる」

tiuðr (隹)「とり」＝ cir「とり (鳥)」

tʰiuŋ (充)「みちる・みたす」＝ sik「みちる・充足する」

dɪaŋ (長)「ながい」＝ tanne「ながい」
　　◆tanne の -ne は自動詞語尾。

ḑiəm（尋）「ひろ」= tem「ひろ（尋）」

ḑiuar（随）「したがう」= tura「つれだつ・同伴する」

thiog（手）「て」= tek「て（手）」

thiɔg（少）「すくない・すこし」= tek「ちょっと」

duar（惰）「おこたる・なまける」= toranne「怠惰だ」
　　◆toranne の -nne は自動詞語尾 -ne の変形。

ḑiar（施）「のびる・のばす」= turi「のばす」

　アイヌ語と中国語との間には，いわゆる言語接触といえるほど
の関係はなかったはずです。したがって，上に示した同源の語の
組み合わせは何万年か前に両言語が１つであったことを示す証
拠となります。なお，両言語間には同源と見なされる語がほかに
もいろいろとありますが，音対応について面倒な注釈をしなけれ
ばならないので引き合いに出すのをやめておきます。

2　古代中国語とウイルタ語との比較

　ウイルタ語はツングース諸語の１つで，オロッコ語とも呼ば
れます。ツングース諸語はシベリアの広大な地域に分布しますが，
ウイルタ語の分布地は少数民族のウイルタ族が居住するサハリン
の中部と北部の限られた地域です。しかしウイルタ族はいまでは
ロシア語を話すようになり，ウイルタ語は死語同然の状態になっ
ています。

　このウイルタ語を古代中国語と比較するのは，１つにはウイル
タ語が広くモンゴル語やチュルク語（トルコ語）にまで連なるア
ルタイ系言語の一員として先史アジア語の形跡をいまも留めてい

ると思うからです。そしてもう 1 つには，すぐれたウイルタ語
研究が日本に存在するからです。本書で利用する池上二良編『ウ
イルタ語辞典』(北海道大学図書刊行会) はその代表格です。

　以下に古代中国語とウイルタ語との同源の組み合わせと判断さ
れる例を示しますが, 中国語の k, g などの音がウイルタ語の x (h)
と対応したり，中国語の ɦ，x (h) がウイルタ語の k，g と対応し
たりしている場合も含めて提示します。ɦ や x (h) の音はかつて
は k や g などの音であったと考えられるからです。

kar (柯)「え・えだ」= gar「えだ (枝)」

kɔg (曻)「あかるい」= ŋəəgda「あかるい」
　◆ŋəəgda の -da は形容詞に特有な語尾。

kuar (過)「すぎる・まちがえる」= xaal-「まちがえる」

kuar (裏)「つつむ・つつみ」= xuuli-「つつむ」

kuǎr (凸)「えぐる・くりぬく」= xulə-「掘る」
　◆kəəli-「えぐる・彫る」もこれらと同源。

giəg (頤)「おとがい」= geega「おとがい・あご」

ŋǎd (厓)「がけ・地のはて」= kada「がけ (厓)」

fɪuər (胃)「い・いぶくろ」= keuri「い・いぶくろ」

fiuər (回)「まわる・まわす」= xərə-「まわる」

xɪər (晞)「かわく・かわかす」= xol-「かわく・かわかす」

xɪuǎn (喧)「やかましい」= xauni「やかましい」

xɪuər (輝)「かがやく・かがやき」= gilə-「ひかる」

xuǎr (化)「かわる・ばける」= kala-「かえる・かわる」

pɪuk (腹)「はら」= bokko「はら (腹)」

ser (洗)「あらう・すすぐ」= sil-「あらう」

sěr (晒)「さらす」= silli-「ほす・さらす」

sïəg (使)「つかう」= takku-「つかう」

tsəg (宰)「きる・さく」= čiugu-「きる」

tsug (走)「はしる・はしらす」= tuk-「はしる」

tsʰieŋ (清)「すずしい」= saŋu「すずしい」

tsʰier (次)「つぐ・つぎ」= sira-「つぎたす」

tsʰiuad (橇)「そり」= tuči「いぬぞり」

tsʰuŋ (怱)「いそぐ・せかせかする」= dək-「いそぐ」

dzoŋ (淙)「たき・瀑布」= tukee「たき (滝)」

tek (滴)「したたる・しずく」= tug-「あめがふる」

tiak (灼)「やく・もやす」= dəg-「もえる・もやす」

tieŋ (正)「ただしい」= toŋdo-「ただしい」
　◆toŋdo- の -do は下の sɔɔgdɔ の -dɔ と同じく形容詞に特徴的な語尾。

tʰiak (赤)「あか・あかい」= sɔɔgdɔ「あかい」
　◆sɔɔgdɔ の -dɔ は形容詞に特徴的な語尾。

dāp (畳)「かさねる・たたむ」= dup-「かさねる」

duŋ (洞)「ほら・ほらあな」= saŋa「あな」

　これらの組み合わせは同源であることが比較的明白な例です。明白ではない例，すなわち音変化をこうむって同源であることがわかりにくくなった組み合わせはほかに多く存在します。

3　古代中国語とタミル語との比較

　大野晋が提唱した日本語のタミル語起源説を根も葉もないと決めつけるのは正しくありません。拙著『言語類型の起源と系譜』(松柏社) でも指摘したことですが，大野の説には過ちとともに真実が含まれています。

　大野の功績は，日本語とタミル語との間に同源の語を発見したことです。不適切な例や怪しげな例がいっぱい含まれていますが，これは致命的な欠陥ではありません。

　大野の説の最大の難点は，水稲耕作民であるタミル人が南インドから渡来し，彼らの話すタミル語が従来の日本語にとって代わったと考えたことです。A 言語と B 言語が似ていることは，A 言語から B 言語が生まれたこと，あるいは B 言語から A 言語が生まれたことを意味するものではありません。従来の日本語起源説はこういう誤った論法を繰り返してきました。

　さて，ここでの企ては大野の研究の不備をあげつらうのではなく，タミル語を古代中国語と比較することです。下に示すように，同源と見なされる語の組み合わせは少なくありません。なお，下にあげるタミル語はバロウとエメニュー (1984) を翻訳した『ドラヴィダ語語源辞典』(きこ書房) に依拠しています。

ket (結)「むすぶ・むすび」＝ kaṭṭu「むすぶ・しめる」

kuar (果)「くだもの」＝ kuru「堅果・くり・くるみの類」

kuăr (凸)「えぐる・くりぬく」= kuru「ほる・きざむ」

kug (勾)「かぎ・まがる」= kokki「掛け金・フック」

kıuăt (橛)「くい」= kucc「とげ・くい・小枝・ヘアピン」

kʰād (契)「きざむ」= kettu「手斧できる・魚をひらく」

kʰuŋ (孔)「あな」= kukai「ほらあな・洞窟」

ɦăp (峽)「はざま」= kevi「ふかみ・ふかい谷・洞穴」

ɦəp (合)「あう・あわせる」= kupp「手をあわせる」

ɦar (苛)「からい」= kar「ひりひりする・ひどくからい」

ɦuăd (話)「はなす・はなし」= katai「物語・逸話・叙事詩」

ɦuəd (潰)「ついえる・こわす」= keţu「ついえる・こわす」

miat (滅)「ほろぼす・ほろぶ」= paţu「ほろぶ・しぬ」

mıug (霧)「きり」= pukai「きり・かすみ・白内障」

m̥uăr (火)「ひ」= muļ「ひがつく・もえる」

pʰĕg (派)「わかれる」= paku「分配する・分類する」

pʰıar (披)「ひらく・おしひらく」= para「ひろがる」

pʰuar (破)「やぶる・やぶれる」= pari「ばらばらにする」

săp (唆)「すする」= cuppu「すう・すする」

sĕr (洒)「あらう」= teļ「(あらって布が)白くなる」

dzïoŋ (崇)「たかい・あがめる」= takai「偉大・優秀」

dziuat（絶）「たつ」＝ taṭi「きりたおす・ほろぼす」

tog（搗）「うすでつく」＝ tukai「うすでつく」

thiɔg（少）「すくない・すこし」＝ cuku「小片・小量」

duar（堕）「おちる」＝ taṟ「おちる・おりる・たれる」

dhiuar（垂）「たれる・たらす」＝ tuḷi「したたる・あめ」

ḍiuɤr（隧）「みち・トンネル」＝ teru「街路・公道」

　これらは同源であることがわかりやすい例です。音変化をこ
むってわかりにくくなった例を含めるとその数はずっと多くなり
ます。5万年近く前に分離したタミル語と中国語との間にこのよ
うな同源と見なされる語が存在するのは驚きです。

4　古代中国語とインド・ヨーロッパ祖語との比較

　ここではインド・ヨーロッパ祖語にまで触手をのばして，これ
がアジアの言語とつながっていることを裏付けようと思います。
　まず，インド・ヨーロッパ祖語について説明しておきます。こ
れはインド，中央アジアからヨーロッパのほぼ全域に分布するイ
ンド・ヨーロッパ語族と呼ばれる一大言語群の祖語です。この言
語を話す人々は 6000 年〜 5000 年前ころに黒海とカスピ海を結
ぶ地域の北方，南ロシアの草原地帯に住んでいたという有力な説
がある一方で，彼らはアナトリアの東方，カフカース，北メソポ
タミア一帯に居住していたという説もあります。はっきりしたこ
とはわかりません。
　一方，インド・ヨーロッパ祖語そのものについては，19 世紀

12

以来の目も眩むような精緻な研究の積み重ねによって非常に多くのことが知られるようになっています。インド・ヨーロッパ祖語で記された言語資料は一切存在しませんが，古代インドのサンスクリット（梵語）とギリシア語あるいはラテン語などとの比較をはじめとする厖大な研究を通じて，祖語の段階に存在したと見なされる語根が推定形として再建されているのです。以下に示すインド・ヨーロッパ祖語はまさにそのような語根です。なお，インド・ヨーロッパ祖語の出典は C. ワトキンズ（1985）です。

ket（結）「むすぶ・むすび」＝ ghedh-「むすぶ・あわせる」

kʰɪar（綺）「あや・うつくしい」＝ kal-「うつくしい」

kɪar（寄）「よりかかる」＝ kel-「よりかかる・かたむく」

kɪəp（給）「あたえる」＝ ghabh-／ghebh-「あたえる」

kɔ̌g（皎）「しろい・きよい」＝ keuk-「しろい・あかるい」

kuɔ̌k（攫）「つかむ」＝ kagh-「とらえる・つかむ」

kug（勾）「かぎ・まがる」＝ keg-「かぎ・フック」

kʰəd（慨）「嘆息をもらす」＝ kwes-「あえぐ」

ɦǎp（押）「おり・とらえる」＝ kap-「つかむ・つかまえる」

ɦɪəp（合）「あう・あわせる」＝ kob-「あう・適合する」

ɦɪəm（涵）「ひたす」＝ gʷēbh-「ひたす・ひたる・しずむ」

ɦer（匸）「かくす」＝ kel-「おおいかくす・たくわえる」

ɦet（擷）「つかむ」＝ ghed-「つかむ・にぎる・とる」

ɦɪuar（為）「なす・つくる」＝ kʷer-「つくる」

ɦɪuăd（話）「はなす・はなし」＝ gʷet-「いう・はなす」

ɦɪuər（回）「まわる・まわす」＝ kʷel-「まわす」

ɦɪuət（穴）「あな」＝ ghed-「あな」

xɪuər（輝）「かがやく・かがやき」＝ ghel-「かがやく」

bɪar（皮）「かわ」＝ pel-「かわ・皮膚・獣皮」

bɪuak（縛）「しばる」＝ pak- ／ păg-「しばる・しめつける」

miet（蜜）「はちみつ」＝ medhu-「はちみつ・はちみつ酒」

mog（牡）「おす」＝ bhugo-「おす・牡鹿・雄羊・雄やぎ」

pɪuəg（富）「とむ・ゆたか」＝ peku-「富・財・動産」

pʰɪar（披）「おしひらく」＝ pelə-「ひろがる・ひろげる」

sieg（斯）「きる・さく」＝ sek-「きる」

sier（肆）「つらねる・ならべる」＝ ser-「一列にならぶ」

sïog（捜）「さがす・さぐる」＝ sāg-「さがす・さがしだす」

tsɔg（抓）「つまむ・つかむ」＝ segh-「つかむ・にぎる」

tsak ／ tsag（作）「つくる」＝ dheugh-「つくる」

tsāp（浹）「うるおす・うるおう」＝ seip- ／ seib-「そそぐ」

tsug（走）「はしる」＝ tek-「はしる・にげる」

14

tsʰiŭg（取）「とる」＝ dek-「とる・つかむ・うけとる」

tiak（灼）「やく・もやす」＝ dhegʷh-「もえる・やく」

tıan（展）「おしのばす・ひろげる」＝ ten-「ひきのばす」

tieŋ（整）「ととのえる・ととのう」＝ tāg-「ととのえる」

dıoŋ（虫）「むし」＝ deigh-「むし・昆虫」

dog（導）「みちびく」＝ deuk-「みちびく」

duar（堕）「おちる」＝ dhreu-「おちる・たれる」

duar（惰）「おこたる・なまける」＝ dher-「のらくらする」

dhiuar（垂）「たれる・たらす」＝ del-「したたる・たらす」

ɖıȝm（燖）「あたためる」＝ tep-「あたたかい」

ɖiuk（続）「つづく・つづける」＝ sekʷ-「つぐ・つづく」

　以上のように，古代中国語とインド・ヨーロッパ祖語との間には同源とおぼしき語の組み合わせが多く見つかります。こういう例を眺めていると，5万年という歳月がなんだか凍りついていたかのように感じられます。

☆　　　　　☆　　　　　☆

　語族といわれるものの境界をまたいで，同源と見なされる語の組み合わせがいろいろと発見されました。世界の言語はもともと1つであったはずですから，これ自体は意外なことではありません。意外なことは，何万年にもわたって言語変化が緩慢だったと

いうことです。言語変化が速まったのは，農業革命が進行して民族間の接触が活発になってからだと思われます。

　先を急ぎましょう。これからが本番です。

第 2 章　日本語は古代中国語に似ている

　いよいよ日本語の出番です。本章の企ては，日本語固有の言葉といわれる和語と古代中国語との間に同源と見なされる語の組み合わせを探すことです。日本語にかぎって中国語と同源の語など漢語以外にあろうはずがないと思われるかもしれません。きっとそう思われてきたでしょう。日本語と中国語は系統的にまったく異なる言語だという先学の教えが日本人の常識となって骨の髄まで浸みこんでいるはずですから。

　ここで断言しておきます。日本語の和語と中国語との間には同源であると容易に判断される語が見つかります。悩ましいほどたくさんあるのです。以下にそれらをカ行音ではじまる和語を先頭に，サ行音，タ行音，ナ行音，ハ行音，マ行音ではじまる和語の順に古代中国語との対応例を示します。ヤ行音，ワ行音ではじまる和語は，古代中国語音とのややこしい音対応が絡んでいますので，ここでは取りあげません。また母音ではじまる和語は語頭子音が消失した言葉ですが，これも割愛します。

1　カ行音ではじまる和語
　日本語の語頭のカ行子音 k は古代中国語の k，kʰ，ŋ などの牙音と対応するのが一般的です。また，牙音が弱化した喉音の ɦ，x(h)，・とも対応します。ɦ は有声音で，x(h) は無声音です。また，・

は母音の声立てを明確にする，消失寸前の子音です。喉音は日本の漢字音でごく普通に k の音となっているので，喉音とカ行子音との対応はそれほど不思議なことではありません。

　下にカ行音ではじまる和語と古代中国語との対応例を示しますが，ただ並べ立てるだけです。なお，動詞語尾のルとス，および形容詞語尾のシは日本語の形成過程で付け加わった要素だと理解してください。

牙音との対応

kug（勾）「かぎ」＝ カギ（鍵）

kuĕg（挂）「ひっかける」＝ カク（懸く・掛く）

kʰɪug（駆）「かる・かける」＝ カク（駆く）

kʰɪuăg（虧）「かける・かく」＝ カク（欠く・闕く）

ŋĕg（涯）「みぎわ・はて」＝ カケ（厓）
　　◆カケはガケの古形。

kɪăŋ（景）「ひがけ・ひかり」＝ カゲ（影・陰・蔭）

kʰɪuaŋ（筐）「かご」＝ カゴ（籠）

kʰɪat（朅）「さる・息せききってゆく」＝ カチ／カシ（徒・徒歩）
　　◆カチは「自分の足で歩く」こと。カシは上代東国方言。

kat（割）「わる・さく」＝ カツ（搗つ）
　　◆カツは「うすでつく・上から下に突く」などの意。

kʰɪuăt（闕）「宮門」＝ カド（門）

kar（柯）「斧のえ・えだ・くき」＝ カラ（箕・幹）
　　◆カラは「草木の茎や枝・え（柄）」の意。

kʰɪar（綺）「あや・模様」＝ カラ／ガラ（柄）
　◆カラ／ガラは「模様・品格・なり」などの意。

kuăt（刮）「けずる」＝ ケヅル（削る），キザス（刻す）
　◆キザスは「細かに切る・刻む」こと。

ŋɪăm（厳）「おごそか・きびしい」＝ キビシ（厳し・密し）
　◆キビシのビは ŋɪăm の m に対応。

kʰɪuəg（丘）「おか」＝ クガ（陸）
　◆クガは「（海・川などに対する）陸地」の意。

kʰɪɔk（隙）「すきま・すきまがある」＝ クク（漏く），ククル（潜る）
　◆ククは「すきまをくぐる」こと。ククルは「水がもれ流れる・すきまをく
　　ぐる・水の中を行く」こと。

kʰɪuat（橛）「くい」＝ クシ（串），カシ（牫杮）
　◆カシは「舟をつなぎ留めるための杭」が原義で，これから「川岸の船荷を
　　揚げ下ろしする所」の意が派生した。

kuāt（抉）「えぐる」＝ クジル（抉る）
　◆クジルは「えぐる・ほじくる」こと。

kat（葛）「くず」＝ クヅ（葛）

kăd（芥）「あくた・ごみ」＝ クヅ（屑），カス（糟・粕）

gɪuan（蜷）「まがる・くねる」＝ クネル（くねる）

kɪəp（給）「あたえる」＝ クバル／クマル（賦る・配る）
　◆クバル／クマルは「分け与える」が基本義。

kɪəp（汲）「くむ」＝ クム（汲む）

kʰiam（凵）「くぼむ・くぼ」＝ クボ（凹・窪）
　◆クボのボは kʰiam の m に対応。

kɪəp（級）「くらい・順位・くび」＝ クビ（頸・首）

kuǎr (剄)「えぐる・くりぬく」= クル (刳る)
　◆クルは「えぐる・くりぬく」こと。

kʰiuat (欠)「かく・かける」= ケツ (消つ)，ケス (消す)
　◆ケツはケスと同義。

ŋɪam (嶮)「けわしい」= ケハシ (険し)
　◆ケハシのハは ŋɪam の m に対応。

ŋɪəŋ (凝)「こる・こおる」= コゴル (凝る)，コゴシ (凝し)
　◆コゴルは「凍りつく」こと。コゴシはその形容詞形。なお，コル (凝る)
　は ŋɪəŋ の ŋɪə に対応するコに動詞語尾のルが付いた形である。

kər (剴)「きる・ごしごしときる」= コル (伐る・椎る)
　◆コルは「枝や立木を切る」こと。

喉音との対応

ɦɪuək (域)「さかい・くぎりをつける」= カギル (限る)

ɦuěg (画)「えがく」= カク (書く)

xɪog (臭)「におい・かぐ」= カグ (嗅ぐ)

ɦăp (狭)「せまい・せばめる」= カヒ (峡・間)
　◆カヒは「山あいの谷間」の意。

・ap (鴨)「かも・あひる」= カモ (鴨)
　◆カモのモは・ap の p に対応。

ɦar (荷)「からい」= カラシ (酷し・醎し・辛し)

・ɪ̌r (伊)「かれ・これ」= カレ (彼)
　◆カレは「あれ」が原義。

xɪaŋ (響)「ひびく・ひびき」= キク (聞く)
　◆キクは「音や声が響く」→「耳に響く」→「聞こえる」というふうに意味が
　変化して生まれた語であろう。

・ɹuăd（穢）「けがれ・けがらわしい」＝ キタナシ（汚し・穢し）
　◆キタナシは「けがれている・よこしまだ」などの意で，ナシは強意的な形容詞語尾。

・ɹər（衣）「ころも・きる・きせる」＝ キル（着る）

fiĕŋ（茎）「くき」＝ クキ（茎）

xɹuăd（喙）「くちばし・くちさき」＝ クチ／クツ（口）

fiuān（県）「くに」＝ クニ（国）
　◆クニはもともと「地方行政組織としての村の集まり」を表す言葉であったと考えられる。

fiɹam（炎）「もえあがる・やく」＝ クブ（くぶ）
　◆クブは「火をくべる」こと。クブのブは fiɹam の m に対応。

fiăp（柙）「おり・とらえる」＝ クヘ（柵）
　◆クヘは「鹿や猪あるいは牛馬が入らないように木や竹で境を作った垣」の意。クヘのヘは fiăp の p に対応。

fiɹuăt（越）「こえる」＝ コス（越す）
　◆コスのスは fiɹuăt の t に対応。

fiəm（涵）「たっぷりと水にひたす」＝ コム（浸む）
　◆コムは「水浸しになる」こと。

2　サ行音ではじまる和語

　古代日本語のサ・シ・ス・セ・ソは tsa・tsi・tsu・tse・tso であったと私は考えていますが，この ts の音は古代中国語の歯音か舌音と対応するのが通例です。歯音というのは s, ts, tsʰ, dz などの音で，舌音というのは t, tʰ, d, dh などの音です。なお，サ行子音の ts は牙音が弱化した ǧ と対応することもありますが，本書ではこれを取りあげません。

歯音との対応

sieŋ (性)「さが」＝ サガ (性)

tsïag (阻)「はばむ・けわしい」＝ サガシ (険し)
　◆サガシは「山が険しい・危ない」こと。

tsʰăt (察)「みぬく」＝ サトル (悟る)，サトス (諭す)，
　◆「頭の回転が早い・利発である」を意味する形容詞のサトシ (聡し) もこ
　　れらと同源。

sïog (捜)「さがす・さぐる」＝ サグル (探る)

tsiog (酒)「さけ」＝ サケ／サカ (酒)
　◆サカはサカツボ (酒壺) のような複合語を作る。

sĕr (晒)「日にさらす」＝ サル (曝る)，サラス (晒す)
　◆サルは「太陽や風雨にあたって白骨化する」こと。

tsiəg (滋)「しげる」＝ シゲル (繁る)，シゲシ (繁し)
　◆「荒れて汚い」を意味するシケシ (蕪し) もこれらと同源。

dzïăg (藉)「しく・むしろをしく」＝ シク (敷く)

siat (泄)「もれる・もらす」＝ シトル (湿る)
　◆シトルは「しめる」こと。「小便」を意味するシト (尿) はこれと同源。

săn (籼)「うるち」＝ シネ (稲)
　◆シネは「いね (稲)」の意。

sïəp (渋)「しぶい」＝ シブ (渋)，シブシ (渋し)
　◆シブル (渋る) もこれらと同源。

tsiəm (浸)「しみる・ひたす」＝ シム (浸む・染む)

dzïăg (助)「たすける」＝ スク (助く)

dzïăg (鉏・鋤)「すき・すく」＝ スク (鋤く)

siog (秀)「ひいでる」= スグル (勝る)

tsiuət (卒)「おわる・おえる」= スデニ (已に・既に)
　◆スデニのニは副詞を作るために付加された助詞。

săp (唼)「すする・くう」= スフ (吸ふ)

sək (塞)「ふさぐ・ふさがる」= セク (塞く)

sug (嗽)「せきをする・せき」= セク (咳く), セキ (咳)

tsʰuŋ (怱)「いそぐ・せかせかする」= セク (急く)

siɔk (削)「けずる・そぎおとす」= ソグ (殺ぐ・削ぐ)

sïəm (滲)「しみる・しみこむ」= ソム (染む・初む)

sïəm (森)「木がびっしりと茂ったさま」= ソマ (杣)
　◆ソマは「植林して材木を取る山・杣山から切り出した材木・杣木を切り
　　出すことを生業としている人」の意。

舌音との対応

ḍiăg (斜)「ななめ・さか」= サカ (坂)

ḍiek (場)「さかい・あぜをくぎる」= サカ (境・界)
　◆サカは「境・境界」の意。

tɪeg (智)「さとい・智恵」= サカシ (賢し)
　◆サカシは「賢く優れている」が本来の意。

dhieŋ (盛)「さかん・さかる」= サカル (盛る)
　◆サカルは「盛んになる」こと。

tʰăk (拆)「ひらく・さく・やぶる」= サク (割く・裂く)

tʰeŋ (町)「あぜ」= サク (畔)
　◆サクは「あぜ (畔)」の意。

deg（提）「ひっさげる」＝ サグ（提ぐ・下ぐ）
　◆サグは「ぶらさげる・つるす」がその原義である。

ḍiəp（隰）「さわ・低湿の地」＝ サハ（沢）
　◆サハのハは ḍiəp の p に対応。

tʰiog（醜）「みにくい」＝ シコ（醜）
　◆シコは「頑強・頑固・醜悪」の意。

diat（舌）「した・楽器のした」＝ シタ（舌），スズ（鈴）
　◆スズは「楽器の舌」がその原義である。

tiam（占）「しめる」＝ シム（占む），シメ（標め）
　◆シムは「占有の印を付ける・土地を占有する」こと。シメは「占有の印」の意。

thiəp（湿）「しめる・しめす」＝ シム（湿む）
　◆シメス（湿す）もこれらと同源。

tɪer（胝）「しり・尾骨」＝ シリ（尻・後）

dhiuar（瑞）「しるし」＝ シルス（記す・銘す・著す）

tʰer（替）「かわる・かわって」＝ シロ（代）
　◆シロは「代わり・代わりとして受けとる物・代価」の意。

tʰog（透）「すく・すける」＝ スク（透く）

tʰuəd（退）「すさる・しりぞく」＝ スザル／スサル（退る）

tʰiat（啜）「すする」＝ ススル（啜る）

ḍiad（裔）「すそ・へり・ほとり」＝ スソ（裾）

tʰɪat（撤）「すてる・しりぞく」＝ スツ（捨つ・棄つ）
　◆スタル（廃る）もこれらと同源。

tʰiak（斥）「しりぞける」＝ ソク（退く）

tʰer（剃）「そる」＝ ソル（剃る）

d̥iar（迤）「ずれる」＝ ソル（反る），ソラス（逸らす）

3 タ行音ではじまる和語

　古代日本語のタ行子音は t の音であり，ツも tu の発音でした。そしてこの t は，サ行子音の ts と同様に古代中国語の歯音か舌音と対応します。しかし下に示すように，舌音と対応する方がより一般的です。

歯音との対応

dzïoŋ（崇）「たかい」＝ タカシ（高し）

dzoŋ（淙）「たき・そそぐ」＝ タギ／タキ（滝）

siuəd（崇）「たたる・たたり」＝ タタル（祟る）

siuk（束）「たばねる・つかねる・たば」＝ ツカ（束・柄）

tsiək（即）「つく・くっつく」＝ ツク（付く）

dzieg（漬）「つける・ひたす」＝ ツク（漬く）

ziəg（嗣）「つぐ」＝ ツグ（嗣ぐ）

tsak ／ tsag（作）「つくる」＝ ツクル（作る・造る）

tsʰier（次）「つぎ・つぐ」＝ ツル（連る）

tsʰieg ／ tsʰiek（刺）「さす・とげ」＝ トギ／トゲ（刺）
　◆トギはトゲの古形。

dzïaŋ（床）「とこ・ゆか・河床」＝ トコ（床）
　◆ソコ（底）はこれらと同源。

舌音との対応

tsiɔg (焼)「やく・やける」＝ タク (焚く・燻く)

tʰog (滔)「水がいきりたつ」＝ タギル (滾る)

diək (食)「くう・たべもの」＝ タグ (食ぐ)
- ◆タグは「食わせる・飲ませる」こと。「食べ飲みこむ」を意味するスク (喰く) はこれらと同源。

tʰag (吐)「はく・はきだす」＝ タグル (吐る)
- ◆タグルは「吐く・咳をする」こと。

tɪok (竹)「たけ」＝ タケ／タカ (竹)

dɪaŋ (丈)「たけ・せたけ」＝ タケ／タキ (丈)

tiet (質)「もと・たち・ただす」＝ タダス (正す・糺す)

dat (達)「とおる・すすむ・いきつく」＝ タツ (経つ)

duan (段)「きざはし・だん」＝ タナ (棚)
- ◆タナの原義は「棚田」という言葉に残っている。

dam (啗)「くらう・くう・くらわす」＝ タブ (食ぶ)
- ◆タブのブは dam の m に対応。

dᴣm (湛)「水をたたえる」＝ タム (溜む)
- ◆タムは「一杯の状態にしておく・集めておく」こと。

dhiuar (垂)「たれる・たらす」＝ タル (垂る)
- ◆シル (汁) はこれらと同源の語と考えられる。

duar (惰)「おこたる・なまける」＝ タルシ (怠・懶し)
- ◆タルシは「疲れて元気がない・だるい」の意。

dhiuer (誰)「だれ」＝ タレ (誰)
- ◆タレはダレの古形。ダレは近世初期に現れた形だという。

tuŋ (塚)「つか」＝ ツカ (塚)

dug (豆)「たかつき」＝ ツキ (杯)
　　◆ツキは飲食物を盛る丸みのある器の一種。

dög (調)「つき・みつぎ」＝ ツキ (調)
　　◆ツキは「貢物」の意。

tog (搗)「ついてこねる」＝ ツク (搗く)

tʰiuŋ (衝)「つく・つきあてる」＝ ツク (突く・衝く)

thiug (舂)「うすでつく」＝ ツク (舂く)

tɩok (築)「きずく」＝ ツク (築く)

dŭŋ (撞)「棒でつく・つきおとす」＝ ツク (撞く)

dɩak (着)「きる・つく」＝ ツク／トク (着く)
　　◆トクはツクの母音交替形。

tiɔg (詔)「つげる・みことのり」＝ ツグ (告ぐ)

tɩuad (綴)「つづる・つづり」＝ ツヅル (綴る)

tad (帯)「おび・おびる・身につける」＝ ツト (苞・裹)
　　◆ツトは「携帯品」が原義で,「包んだもの・贈物・用意すべき物」の意。

dāp (畳)「かさなる」＝ ツム (積む), ツモル (積もる)
　　◆ツムのムとツモルのモは dāp の p に対応。

dhiaŋ (常)「つね・つねに」＝ ツネ (常), トコ (常)
　　◆トコは「永遠・永久・不変」の意。

ḍiar (施)「のびる」＝ ツル／ツラ (蔓), ツル／ツラ (弦)

dāp (蝶)「ちょう」＝ テフ (蝶)

dhiəg（時）「とき・ころあい」＝ トキ（時）

thiak（釈）「とく・とける」＝ トク（解く・説く）

thiak（鑠）「とかす・とける」＝ トク（溶く）

dog（淘）「こめをとぐ」＝ トグ（淘ぐ）

duen（殿）「との・高殿」＝ トノ（殿）
　◆トノの原義は「貴人の邸宅・御殿」である。

thiam（苫）「とま」＝ トマ（苫）
　◆トマは「スゲやカヤなどで編んだむしろ」の意。

d̥iəm（尋）「たずねる・さがす」＝ トム（尋む・求む）
　◆トムは「跡をつけて行く・尋ねる・求める」こと。

tiuɜr（隹）「とり」＝ トリ（鳥）

4　ナ行音ではじまる和語

　日本語のナ行音は厄介です。ナ行子音 n と古代中国語の n の音との対応例が極端に少ないからです。これ以外の音との対応を探したところ，ŋ との対応が見つかりました。n と ŋ は舌音と牙音という違いはありますが，似たところがある音ですからこういう音対応があっても不思議ではありません。また日本語の n は喉音との対応も見られます。とくに・との対応が顕著です。喉音は牙音が弱化した音ですが，さらに弱化して消失する一歩手前で n に変わったのだと考えられます。さらに日本語の n は n 以外の舌音との対応も観察されます。とくに d̥ や d との対応が目立ちます。d̥ や d から n への変化は舌音の鼻音化によるもので，ビダンシ（美男子）→ビナンシ（美男子）のような変化です。
　下にこのような音対応の例をあげますが，音の消失が起こって

28

いるナ（魚），ネ（値），ノ（野）やナル（成る），ニル（似る），ノル（乗る）などの語は，混乱を避けるためにすべて省きます。

n との対応

niəŋ（扔）「すてる・なげる」＝ ナグ（投ぐ）

niuad（汭）「川の曲がりこんだ所」＝ ナダ（灘・洋）
　◆ナダは「水路の難所・岸近くの海」の意。

niog（柔）「やわらかい」＝ ニコ（和），ナグ（凪ぐ・和ぐ）
　◆ニコは「柔らか・にこにこ・にっこり」の意。「しなやか・柔らか・穏やか」
　を意味するニキ（和）や「穏やかである」を意味するナグシ／ナゴシ（和し）
　なども同源の語。

niəp（入）「はいる」＝ ニホ（鳰）
　◆ニホはニホドリ（鳰鳥）の意。水中に潜るのが得意であることに注目した
　命名。

nem（念）「おもう・念じる」＝ノム（祈む），ナム（祈む）
　◆ノムは「首をたれて祈る」こと。ナムはノムの母音交替形で，「一心に祈り
　願う」こと。

niam（粘）「ねばる」＝ ネバル（粘る），ヌマ／ヌ（沼）
　◆ネバルのバは niam の m に対応。ルは動詞語尾。ヌマは，沼から流れ出
　る川がなく，その水が粘りついたように見えることに根ざした語であろ
　う。ヌはヌマのマが脱落した形。

ŋ との対応

ŋăk（額）「ひたい・ぬか」＝ ヌカ（額）
　◆ヌカは「ひたい」とは別に，「ぬかずくこと・礼拝」の意も表した。

ŋiaŋ（仰）「あおぐ」＝ノク（仰く）
　◆ノクは「上を向く・あおぐ」こと。

ŋiar（儀）「のり・のっとる」＝ ノリ（法・則・矩・典・範・度）
　◆ノリは「のっとるべき物事」がその原義。

喉音の・との対応

・ɪaŋ (央)「なかば・まんなか」＝ ナカ (中)

・ug (殴)「うつ・なぐる」＝ ナグル (殴る)

・uəd (慰)「なぐさめる」＝ ナヅ (撫づ)，ナダス (撫だす)
　◆ナヅの意味は，原義の「慰める」が「撫でて慰める」を経て「撫でる」に変化した。ナダスは尊敬語で「お撫でになる」こと。

・ɪəm (飲)「のむ」＝ ノム (飲む・呑む)

・ŭk (握)「にぎる」＝ ニギル (握る)

舌音の d, ḍ との対応

dɪaŋ (長)「ながい・ながさ」＝ ナガシ (長し・永し)
　◆ナガシは ɦɪuǎŋ (永)「ながい・とこしえ」と同源である可能性もある。

deg (啼)「なく」＝ ナク (泣く・鳴く)

ḍier (夷)「ひくい・たいらか・ならす」＝ ナラス (平す・均す)

dɔg (逃)「にげる」＝ ニグ (逃ぐ)，ノガル (逃る)，ノガス (逃す)

ḍiug (臾)「ぬく・ひきぬく」＝ ヌク (抜く・貫く)

dɪag (除)「のぞく・さる」＝ ノク (退く・除く)

5　ハ行音ではじまる和語

　日本語の語頭のハ行子音は古代中国語の b, m, p などの唇音と対応するのが一般的ですが，喉音の ɦ, x, ・ともしばしば対応します。ちなみに，語中と語末のハ行子音は牙音の k, g, ŋ との対応が目立って多く観察されます。しかしこの音対応はここでは取りあげません。

唇音との対応

mag（墓）＝ ハカ（墓）

bag（歩）「あるく・はかる」＝ ハカル（計る・量る）

buəg（佩）「おびる・はく」＝ ハク（佩く・着く・穿く）

pıaŋ（匚）「はこ」＝ ハコ（箱・函・筥）

bad（旆）「はた」＝ ハタ（旗・幡），ハタ（鰭）
　　◆ハタ（鰭）は「魚のひれ」の意。

pān（辺）「はし・はて・へり」＝ ハナ（端）

pıuən（分）「わける」＝ ハナル（離る），ハナス（離す）

pıam（窆）「ほうむる」＝ ハブル（葬る），ホフル（屠る）
　　◆ハブルは「葬る・埋葬する」，ホフルは「切ってばらばらにする・皆殺し
　　にする・放り出す」などの意。

pieg（卑）「ひくい・いやしい」＝ ヒキシ（低し・卑し）
　　◆ヒキシはヒクシの古形。

pʰıar（披）「おしひらく」＝ ヒロル（広る），ヒロシ（広し）
　　◆ヒロルは「広がる」こと。ヒロ（尋）はこれらと同源。

pʰıog（覆）「おおう」＝ フク（葺く）
　　◆フクは「茅や瓦などで屋根を覆う」こと。

băŋ（膨）「ふくれる」＝ フクル（脹る）

pıet（筆）「ふで」＝ フデ（筆）

m̥uət（忽）「たちまち・いつのまにか・ふと」＝ フト（ふと）
　　◆フトは「たちまち・す早く・急に思いついて・不意に」の意。

pʰer（批）「うちあたる・ふれあう」＝ フル（触る）

m̥ɔg（耗）「すりへる・すりへらす」＝ ヘグ（削ぐ）

ɦaŋ（航）「ふねがすすむ・ふね」＝ フネ／フナ（船・舟）

pog（呆）「ぼんやりするさま」＝ ホク（呆く・耄く）
　◆ホクはボクの古形で「ぼんやりする・ぼける」こと。

mɪog（矛）「ほこ」＝ ホコ（矛・鉾・戈）

bɪər（被）「おおう・かぶる」＝ ホロ（母衣・保呂・縹）
　◆ホロは「矢を防ぐための補助的な武器」の意。

喉音との対応

ɦeŋ（脛）「はぎ」＝ ハギ（脛）

・ug（嘔）「はく・はきだす」＝ ハク（吐く）

ɦǎm（銜）「ふくむ・はむ・くわえる」＝ ハム（噛む・食む）

・iet（一）「ひとつ・いち」＝ ヒト（一）
　◆ヒトツ（一つ）のツは sïug（数）の sïu と同源である。

xɪər（晞）「かわく・かわかす」＝ ヒル（干る・乾る）
　◆ヒルは「乾く・潮がひく」こと。

per（篦）「くし・へら」＝ ヘラ（箆）

ɦɪuə̌ŋ（泓）「ふかい」＝ フカシ（深し），フク（更く）
　◆フクは「時や季節が深くなる」こと。

xɪag（噓）「ふく・うそぶく」＝ フク（吹く）

xɪuət（欻）「たちまち・ふっと・はたと」＝ フト（ふと）
　◆フトは 30 ページの m̥uət（忽）にも起源が求められる。

xɪuər（揮）「ふるう・ふりまわす」＝ フル（揮る・振る・震る）

6　マ行音ではじまる和語

　マ行子音は中国語の唇音と対応するのが通例です。n や ŋ との対応も見られますが，そういう例はここには載せません。

唇音との対応

mıuək (牧)「かう・まきば」＝ マキ (牧)
　◆マキはウマキ (牧) のウが脱落した形だといわれている。

bıuəg (負)「まける・おう」＝ マク (負く)

bıuðg (備)「そなえる・そなわる」＝ マク (設く)
　◆マクは「前もって用意しておく」などの意。

pðŋ (繃)「まく・まきつける」＝ マク (巻く)

mek (覓)「さがしもとめる」＝ マグ (覓ぐ)
　◆マグは「追い求める・探し求める」こと。

mıuəd (未)「まだ」＝ マダ (未)，マダシ (未し)
　◆マダシは「機が熟さない」などの意。シは形容詞語尾。

pıaŋ (倣)「ならう・まねる」＝ マヌ (まぬ)
　◆マヌは「まねる」こと。

buǎn (繁)「しげる・しげし」＝ マネシ (まねし)
　◆マネシは「度数が多い」こと。シは形容詞語尾。

mıuag (巫)「みこ・かんなぎ」＝ ミコ (神子・巫女)

biad (弊)「やぶれる・つかれる」＝ ミツル (羸る)
　◆ミツルは「疲れ果てる・やつれる」こと。

beŋ (並)「ならぶ・ならびに・ともに・みな」＝ ミナ (皆)
　◆ミナは「居合わせる全部」がその原義。

bǎt (抜)「ぬく・ぬける」＝ ムシル (捗る)

mıaŋ（亡）「ほろぶ・ない」＝ ムナシ（空し・虚し）
　◆ ムナシは「からっぽである・何もない・はかない」などの意。

buəd（悖）「もとる・道理にもとる」＝ モトル（悖る）

　以上のように日本語と古代中国語との対応例は数多く見つかり
ます。上に載せた対応例は数え方にもよりますが，語根のレベル
で約200，語のレベルではそれよりも多数です。ここには音の一
部が消失した例や音対応がわかりにくい例，またワ行音やヤ行音
ではじまる和語を載せていませんが，そういう例を全部含めると，
対応例は語根のレベルで約600，語のレベルではそれよりもうん
と多数にのぼります。アイヌ語，ウイルタ語，タミル語，インド・
ヨーロッパ祖語との対応例と比べると，まさにケタ違いです。
　この多さの理由はいったい何でしょう。私が思ったのは渡来系
弥生人の影響です。彼ら彼女らが使っていた古代中国語が流入し
たからとしか考えられません。しかし疑問が生じました。そのよ
うな新来語，すなわち弥生語はほかにないだろうかと。いくら探
しても弥生語はもう見つかりません。あとはすべて縄文時代以
来の固有語，すなわち縄文語だろうかと思いました。不審に思
えたのは，シネ（稲）やヨネ（米）という弥生語が見つかったのに，
コメ（米）という語の由来がわからなかったことです。音変化を
あれこれ考えてコメ（米）に対応する古代中国語を探しましたが，
何の手掛かりも得られませんでした。そこでやむなく，片山龍峯
（2004）の次の言葉を信じることにしました。

　　「コメ」という日本語に関しては，アイヌ語のコㇺ（kom〔ど
んぐり〕）との関係を私は否定しきれないでいる。縄文時代

の主食「どんぐり」を kom（コム）と呼んできて，新しい主食である
コメを同じ名でとらえたのではないかと考えられるからであ
る。とくに最近，LSI チップのことを「産業のコメ」などと
呼んでいるのをみると，なおさら kom（コム）が「米（こめ）」になったとい
う考えが強まるのである。(p. 143)

　片山の考えは卓見だと思いましたが，それでもなお割り切れぬ
気持ちが残っていました。結果的には，これがよかったのかもし
れません。ずいぶん時が経ってから，何がきっかけであったか憶
えていませんが，コメ（米）という語の成り立ちがわかりました。
それは弥生語だったのです。
　わだかまっていたものが消えて事態は一転しました。その話は
次の章に譲りましょう。

第3章　日本語の礎は渡来人が築いた

　私はひどく見当違いをして，川に糸を垂らして鯛を釣ろうとしてきました。釣れるはずがありません。もっと早くに次の対応に気づくべきでした。

fiuar（禾）「あわ・いね」
mer（米）「こめ・いね」　＝ コメ（米）
　◆禾米（カベイ）は「米」の意。コメは fiuar-mer の縮約形。

　この2語熟語との対応を知って，もっともっと多くの弥生語が海中に隠れているにちがいないと直感しました。そこで私は，来る日も来る日も海に出かけて弥生語を漁りました。手にした弥生語はだんだんと増え，ついには和語全体を古代中国語と結びつけるまでになりました。本書では取りあげませんが，動詞語尾や形容詞語尾，助詞や助動詞も，古代中国語を素材にして生まれたものであることが判明しました。日本語と中国語は文法が異なるから同系言語ではないという理屈は成り立ちません。

　いまから私が見つけたものの一部，ほんの一握りの対応例を示します。また例によって対応例を並べただけの単調なページが続きますが，大事なのは論より証拠だと思ってください。適当に流し読み，飛ばし読みしても支障は来たしません。

1 二対一対応の語形成

弥生語の形成にはからくりがあります。

これを知らないと先に進めません。からくりは1つだけではありません。古代中国語の1語が日本語の1語と対応する場合，つまり一対一対応の語形成は第2章ですでに観察しました。ここで取りあげるのは二対一対応の語形成，つまり古代中国語の2語が日本語の1語と対応する場合です。

さて，二対一対応の語形成はさらに4つのタイプに下位分類されます。それらを1つずつ取りあげ，具体例を示しましょう。

第1タイプの対応

古代中国語ではいずれの語も C_1OC_2（Cは子音，Oは母音）という構成でした。たとえば上に示した fiuar（禾）「あわ・いね」は fi が C_1，二重母音の ua が O，r が C_2 にあたります。そこで2語熟語では，$C_1O_1C_2$-$C_3O_2C_4$ という連鎖になります。第1タイプの対応では，この音連鎖の C_2 と C_4 が規則的に脱落します。たとえばコメ（米）は fiuar-mer の2つの r が脱落した fiua-me と対応しています。このタイプの対応をする和語は，付加された動詞語尾ル，スや形容詞語尾シを除外すれば，すべて2音節です。

4つのタイプの中でこの第1タイプの対応例がいちばん多く見つかります。私の概算では，何を1語とするかによって違ってきますが，500語以上，派生語を含めると600語を優に越します。

これだけたくさんあると，どれを例示しようかと迷ってしまいます。そこでカ行音のカからマ行音のモまでの30音ではじまる和語を1つずつ選んで，それらと古代中国語との対応例を示すことにします。

kăg (家)「いえ・うち・や」
gıəm (禽)「とり・とりこ」 ＝ カケ (鶏)
　◆家禽 (カキン) は「家で飼う鳥」，カケは「にわとり」の意。

kiər (機)「はた・きざし」
dıɔg (兆)「きざす・きざし」 ＝ キザス (萌す・兆す)
　　　　　　　　　　　　　　　キザシ (萌し・兆し)
　◆機兆 (キチョウ) は「きざし」の意。キザスのスは動詞語尾。

kʰıuən (囷)「くら・米ぐら」
lıəm (廩)「くら・米ぐら」 ＝ クラ (蔵・倉)
　◆囷・廩 (キンリン) は「穀物倉」の意。

fiăŋ (桁)「けた・横木」
dög (条)「えだ・すじ」 ＝ ケタ (桁)
　◆桁条 (コウジョウ) は「けた」の意。

ŋıăn (言)「いう・ことば」
dıəg (辞)「ことば・ふみ」 ＝ コト (言)
　◆言辞 (ゲンジ) は「言葉・言葉つかい」の意。コトの基本義もこれと同じ。

thier (矢)「や」
tsuk (鏃)「やじり」 ＝ サチ (矢・幸)
　　　　　　　　　　　ソチ (矢)
　◆矢鏃 (シゾク) は「やじり」の意。サチは「狩猟の道具・狩猟の獲物・幸福」，
　　ソチは「矢」の意。

suar (鎖)「くさり・とざす」
per (閉)「とじる・とざす」 ＝ シム (締む)
　　　　　　　　　　　　　　シマル (締まる)
　◆鎖閉 (サヘイ) は「門などをぴったりと閉ざす」こと。

tsak (作)「つくる・なす」
pıuăp (法)「のり・やりかた」 ＝ スベ (術)
　◆作法 (サクホウ) とスベはともに「しかた・方法」の意。

tʰıuŋ (寵)「いとしいひと」
ŋieg (児)「こ・こども」 ＝ セコ (兄子・夫子・背子)
　◆寵児 (チョウジ) は「親にとくにかわいがられている子・時流に乗っても
　　てはやされている人」の意。セコは夫や恋人などを親しんで呼ぶ語。

dziog（誚）「せめる・そしる」
tsĕk（責）「せめる・せめ」　＝ ソシル（誚る）

◆誚責（ショウセキ）は「人の罪や過ちを責めてとがめる」こと。ソシルも
これと同義。

thiag（庶）「おおい・大衆」
miɜn（民）「たみ・大衆」　＝ タミ（民）

◆庶民（ショミン）は「一般の大衆」，タミは「人民・民衆・庶民」の意。

dhiad（誓）「ちかう・ちかい」
ŋıăn（言）「いう・ことば」　＝ チギル（契る）

◆誓言（セイゲン）は「きっぱりと決めた命令・誓い・誓いの言葉・誓う」の意。
チギルは「約束する」こと。その名詞形のチギリ（契り）は「約束・縁・因縁・
男女の交わり」などの意。

thiog（首）「くび・こうべ・かしら」
lıeŋ（領）「うなじ・くび・えり」　＝ ツラ（頬・面）

◆首領（シュリョウ）は「頭とうなじ・頭・かしら・団体の長・頭目」の意。
ツラはもともと「顔の側面」を表す語であったといわれている。

ɖıəg（寺）「てら・寺院」
lıəg（裏）「うら・うちがわ」　＝ テラ（寺）

◆寺裏（ジリ）は「寺の内」の意。これがテラの原義であったと考えられる。
なお，朝鮮語の ɖʒɔl「てら・寺院」は同じ中国語に由来する同源の語であ
ると見なされる。

tög（弔）「とむらう・いたむ」
mıuən（問）「とう・たずねる」　＝ トフ（問ふ）

◆弔問（チョウモン）は「人の死をいたみ遺族を訪問して慰める」こと。ト
フの原義は「弔いをする」こと。「安否を尋ねる・様子はどうかと見舞う」
も原義に近い。トフのフは mıuən の mıuə に対応。

・ıən（隠）「かくれる・かくす」
bıuək（伏）「ふせる・ひれふす」　＝ ナバル（隠る）

◆隠伏（インプク）は「隠れて身を伏せる」，ナバルは「隠れる」こと。ルは
動詞語尾。喉音の・と日本語の n との対応は 29 ページを参照。ちなみに，
地名のナバリ（名張）はナバルの名詞形である。

・ıam (奄)「おおう・ひさし・にわか」
m̥uət (忽)「たちまち・いつのまにか」 ＝ ニハシ (にはし)

◆奄忽 (アンコツ) は「たちまち・にわかに」, ニハシは「急激である・突然である」さま。シは形容詞語尾。ニハシのハは m̥uət の m̥uə に対応。

・ıăŋ (英)「はな・すぐれた」
tiug (主)「あるじ・ぬし」 ＝ ヌシ (主)

◆英主 (エイシュ) は「名君」, ヌシは「主人・主君」などの意。なお, 領主などに対する尊称であるウシ (大人) は語頭子音を失った形。

・ıuəd (慰)「なぐさめる・なぐさめ」
ɦuɜr (懐)「いだく・ふところ」 ＝ ネグ (祈ぐ・労ぐ)

◆慰懐 (イカイ) は「心を慰める」こと。ネグもこれと同義。

nag (駑)「のろい・にぶい」
lıuat (劣)「力や質がおとる」 ＝ ノロシ (のろし)

◆駑劣 (ドレツ) は「才能がない」, ノロシは「鈍い・遅い」などの意。

pıuk (腹)「はら・おなか」
lıəg (裏)「うら・うち」 ＝ ハラ (腹)

◆腹裏 (フクリ) は「腹の中」の意。ハラは本来, 腹部の表面ではなくその内部を表す語である。

bıăŋ (平)「たいらか」
təŋ (等)「ひとしい」 ＝ ヒトシ (均し・等し・齊し)

◆平等 (ビョウドウ) は「差別がなく等しい・同等である」こと。ヒトシもこれと同義。

pıɔg (標)「こずえ・しるし」
thiək (識)「しるす・しるし」 ＝ フダ (札)

◆標識 (ヒョウシキ) は「目標や区別などを示す印・目じるし」の意。フダは「文字や記号を書きしるした板や紙片」の意。

pān (辺)「はし・へり」
ĝlak (落)「むら・さと」 ＝ ヘリ (縁)

◆辺落 (ヘンラク) は「辺村」, ヘリは「遠くの周辺部」の意。ĝlak の ĝl は l が消失して単子音化した。

pog（襃）「お返しをする・ほめる」
mɪuər（美）「うつくしい・ほめる」 ＝ ホム（襃む）

　　◆襃美（ホウビ）は「ほめる」こと。「ほめられて与えられる金品」は日本語特
　　有の意味である。

bɪuŋ（奉）「たてまつる・ささげもつ」
dəg（待）「まつ・じっとまちうける」 ＝ マツ（待つ）

　　◆奉待（ホウタイ）は「お待ちする」こと。

muăk（陌）「東西に通じるあぜ・みち」
tsʰen（阡）「南北に通じるあぜ・みち」 ＝ ミチ（道・路）

　　◆陌阡（ハクセン）は「田畑の中のあぜ道」の意。

bɔg（暴）「手あらい・あらあらしさ」
ŋɪok（虐）「しいたげる・むごい」 ＝ ムゴシ（惨し・酷し）

　　◆暴虐（ボウギャク）は「乱暴でむごい」こと。

pʰieŋ（聘）「おまねきする」
tiɔg（召）「よぶ・まねく」 ＝ メス（召す）

　　◆聘召（ヘイチョウ）は「礼儀を尽くして人を招く・お呼び寄せする」こと。
　　メスも原義はこれと同じであったと思われるが、「お呼び寄せになる」な
　　どの尊敬を表す多義語となった。

mɪaŋ（望）「のぞむ」
diăk（夕）「ゆうべ」 ＝ モチ（望）

　　◆望夕（ボウセキ）は「十五夜」、モチは「月の十五日・望の日」の意。

第2タイプの対応

　第2タイプの対応では古代中国語の $C_1O_1C_2$-$C_3O_2C_4$ という音
連鎖の C_2 に対応する音が日本語で規則的に脱落します。そこで
このタイプの対応をする和語は、付加された動詞語尾ル、スや形
容詞語尾シを除外すれば、いずれも3音節です。

　このタイプの対応例は概算で350以上、派生語を加えると400
語以上になります。このタイプに関してもカ行音からマ行音まで
の音ではじまる和語を下に示しますが、ニとネではじまる和語と

の対応例は舌音が鼻音化した少々わかりづらい例しかありませんので，これらはあえて記載しないでおきます。

gıog（仇）「あいて・かたき」
dek（敵）「あいて・かたき」　＝ カタキ（敵）

　◆仇敵（キュウテキ）は「仇・あだ」の意。なお，アタ／アダ（仇・敵）は語頭子音を失った同源の第1タイプの対応例。

fiug（后）「うしろ・きさき」
tiək（職）「つかさ・しごと」　＝ キサキ（后）

　◆后職（コウショク）は「皇后の位」の意。

gliɔk（薬）「くすり」
dzer（剤）「くすり」　＝ クスリ（薬）

　◆薬剤（ヤクザイ）は「薬」の意。クスリの語頭子音 k は gliɔk の g に対応。l は消失した。

kʰɔk（確）「たしか」
diet（実）「み・みのる」　＝ ケダシ（蓋し）

　◆確実（カクジツ）は「たしかである」こと。ケダシは「まさしく」の意。

ŋuǎr（瓦）「かわら」
tsiəŋ（甑）「こしき」　＝コシキ（甑）

　◆瓦甑（ガショウ）は「素焼きのこしき」の意。コシキは米などを蒸すのに使う道具で，「せいろう（蒸籠）」の意。

dhiog（授）「さずける」
dhiog（受）「うけとる」　＝　サヅク（授く）
　　　　　　　　　　　　　　サヅカル（授かる）

　◆授受（ジュジュ）は「受け渡し・やりとり」の意。

dzieŋ（静）「しずか・しずめる」
dzök（寂）「さびしい・しずか」　＝ シヅカ（静か）

　◆静寂（セイジャク）は「ひっそりしている・静かでものさびしい」こと。

tsiam（尖）「とがる・さき」
lıed（利）「とし・するどい」　＝ スルドシ（鋭し）

　◆尖利（センリ）は「刃が鋭くてよく切れる・鋭利」の意。

tsǎk（窄）「せまい・せばめる」 ＝ セバム（狭む）
ɦăp（狭）「せまい・せばめる」 ＝ スボム／ツボム（窄む）

　　◆窄狭（サクキョウ）は「ぎゅっと締まって狭い」さま。セバムのバはハを，
　　スボム／ツボムのボはホを経た音であろう。

tsiek（脊）「せ・せぼね」 ＝ ソムク（背く・反く）
buag（背）「せ・そむく」

　　◆脊背（セキハイ）は「背く」こと。ソムクの原義は「背を向ける」ことだが，
　　ソムクはソ／セ（背）とムク（向く）が結合した形ではあるまい。

tʰɪěg（痴）「おろか・たわけ」 ＝ タハク（戯く）
pog（呆）「ぼんやりするさま」 ＝ タハケ（戯け）

　　◆痴呆（チホウ）は「愚か・愚か者」の意。タハクは「不倫行為をする・愚か
　　しいことをする」こと。タハケは「不倫行為・あほう・ばか」の意。

dhieŋ（成）「なる・なす」 ＝ チナム（因む）
・ien（因）「よる・原因」

　　◆成因（セイイン）は「物事の成り立つ原因」の意。チナムは「ある物事との
　　関係にもとづいて結びつく・縁を結ぶ」こと。チナムのナは・ien の・ie
　　に対応，ムは n に対応。n は語末でしばしば m に転じる。

tiuk（属）「つく・つける・つづく」 ＝ ツラヌ（連らぬ）
lɪan（連）「つらなる・つらねる」

　　◆属連（ゾクレン）は「連なる」こと。ツラヌは「連なる」を意味する tsiap-
　　lɪan（接聯）にも起源が求められる。いずれの熟語とも対応すると見なし
　　てよい。

tɪan（展）「のばす・ひろげる」 ＝ テラフ（衒ふ）
ĝlam（覧）「みる・みまわす」

　　◆展覧（テンラン）は「物を平らに広げて多くの人に見せる」こと。テラフ
　　は「自分の知識や才能を見せびらかす・誇る」こと。ĝlam の ĝl は ĝ が消
　　失して単子音化した。

thiog（収）「おさめる・とらえる」 ＝ トリコ（虜・擒）
x̥lag（虜）「とりこ・とりこにする」

　　◆収虜（シュウリョ）は「とりこにする・とりこ」の意。x̥lag の x̥la は x̥ が
　　消失して単子音化した。

nien（人）「ひと」
dzieŋ（情）「感情」 ＝ ナサケ（情）

　◆人情（ニンジョウ）は「生まれつきの感情・情」の意。

nuan（暖）「あたたかい・あたためる」
kʰɪəd（気）「いき・空気・気力・感気」 ＝ ヌクトシ（温とし）

　◆暖気（ダンキ）は「暖かさ」，ヌクトシは「暖かい」の意。なお，ヌクシ（温し）はこれと同源の第1タイプの対応例。

niog（柔）「やわらか・やわらぐ」 ＝ ノドカ（長閑か）
tʰɪaŋ（暢）「のびる・のびやか」 　 ノドム（和む）

　◆柔暢（ニュウチョウ）は「和らいでのどやかである」さま。ノドムは「気分をゆったりさせる」などの意。語末のŋはしばしばmになる。

bɪuaŋ（防）「ふせぐ・ふせぎ」 ＝ ハバム（阻む）
buăm（範）「わく・かた・のり」

　◆防範（ボウハン）は「防ぎ守る・防備」の意。

pied（秘）「ひそか・ひめる」 ＝ ヒソカ（密か）
dzïəg（事）「こと・ことがら」

　◆秘事（ヒジ）は「秘密の事・秘め事」の意。

pŏg（包）「つつむ・つつみ」 ＝ フクロ（袋）
kuar（裏）「つつむ・つつみ」

　◆包裏（ホウカ）とは「包む」こと。

・ăp（凹）「くぼむ」 ＝ ヘコム（凹む）
ñăm（陥）「おちいる」

　◆凹陥（オウカン）は「なかくぼ・へこみ」の意。

pɪaŋ（放）「はなす・はなつ」 ＝ ホドク（解く）
thiak（釈）「とく・とける」 　 ホドコル（延る）

　◆放釈（ホウシャク）は「いましめを解いて放つ」こと。これがホドクの原義。派生語のホドコルは「伸び広がる・はびこる・ふやける」こと。また，その他動詞形ホドコス（施す）は「広く行き渡らせる・恵みを広く与える・施工する」などの意。なお，「種をまく」を意味するホドコス（播す）はこれと同義の播時（ハンジ），すなわち puar（播）-dhiəg（時）と同源である。

mag（模）「なでる・なでてまねる」
sak（索）「なわ・なう・もとめる」 ＝ マサグル（弄る）

◆模索（モサク）は「手探りで物を探す・いろいろと方法などを探求する」
　こと。マサグルは「手の先でさぐる」などの意。ルは動詞語尾。

pʰɪuət（祓）「はらう・はらえ」
dɪag（除）「のぞく・おしのける」 ＝ ミソグ（禊ぐ）

◆祓除（フツジョ）は「神に祈ってけがれや災いを祓い除く」こと。ミソグ
　もこれと同義。

pᵊŋ（繃）「まく・まきつける」
ḏiak（褓）「むつき・赤子の衣」 ＝ ムツキ（襁・褓）

◆繃褓（ホウシャ）は「むつき」の意。ムツキは「うぶぎ・おしめ」の意。

pɪuən（分）「わける・わかれる」
kuaŋ（光）「ひかり・かがやく」 ＝ メグム（恵む）

◆分光（ブンコウ）は「恵む」こと。メグムのムは kuaŋ の ŋ に対応。ŋ は語
　末でしばしば m の音になる。

pʰɪaŋ（訪）「おとずれる・たずねる」
ḏiəm（尋）「たずねる・さがす」 ＝ モトム（求む）

◆訪尋（ホウジン）は「訪ね探す」こと。モトムは「本拠を探しだす・訪ね探す」
　が原義で、そこから「手に入れる・招く・買う」などの意味が派生した。

第3タイプの対応

　第3タイプの対応では、古代中国語の $C_1O_1C_2$-$C_3O_2C_4$ という音連鎖の C_4 に対応する音が日本語で脱落します。そこで、このタイプの対応をする和語も、動詞語尾のル、スや形容詞語尾のシを除外すると3音節です。

　このタイプの対応例はそれほど多くありません。第2タイプの対応例の3分の1以下です。下に対応例を例示しますが、カ・キ・ク・ケ・コの順で和語を並べていくと、キ・ケ・セ・チ・テ・ヌ・ネ・ノ・フ・ミ・メの箇所が虫食いになります。これを見ると、エの段の音は総じて好まれなかったように思われます。

k^{h}ug（口）「くち・あな」
diet（実）「み・みのる」　＝ カコト（託言）／カコツ（託つ）
　◆口実（コウジツ）の原義は「話の材料」で，これから「言い訳」の意などが
　派生した。カコトは「いいわけ・口実」が基本義。カコツはその動詞形で，
　「口実にする・かこつける」などの意。

kıɜr（肌）「はだ」
t^{h}er（体）「からだ」　＝ カラダ（体・身体）
　◆肌体（キタイ）は「からだ」の意。カラダは「身体・死骸・死体・体格」などの意。

ɦăm（陥）「おちいる」
muət（没）「しずむ」　＝ クボム（窪む）
　◆陥没（カンボツ）は「地面がへこむ」こと。ɦăm はクボ（凹・窪）に対応す
　る k^{h}iam（凵）「くぼむ・くぼ」と同源である。

・ıər（衣）「ころも・きる」
bıuək（服）「きもの・ふく」　＝ コロモ（衣）
　◆衣服（イフク）は「着物」の意。喉音の・はしばしば日本語の k と対応する。
　ちなみに，キル（着る）は・ıər（衣）と同源である。

dag（屠）「ほふる」
săt（殺）「ころす」　＝ サカツ（屠つ）
　◆屠殺（トサツ）は「家畜を殺す」，サカツは「屠殺する・家畜を殺す」こと。

tsiok（蹙）「ちぢむ・しかめる」
mıuɜr（眉）「まゆ・まゆげ」　＝ シカム（蹙む）
　◆蹙眉（シュクビ）は「眉をしかめる」こと。シカムは「顔や額にしわがよる・
　額や顔の皮を縮めてしわをよせる」こと。

dzam（暫）「しばらく」
dhiəg（時）「とき・時間」　＝ シマシ／シバシ（暫し）
　◆暫時（ザンジ）は「しばらく・一時」の意。シマシ／シバシはこれと同義。
　なお，シバシバは dzam に対応するシバを重ねた畳語である。

siɔg（小）「ちいさい・すこしく」
siɔg（小）「ちいさい・すこしく」　＝ スコシ（少し）
　◆小小（ショウショウ）は「ごくわずか・年が若い」の意。

tiuən（準）「みずもり・はかる」
bɪuə̆g（備）「そなえる・そなえ」 ＝ ソナフ（備ふ・具ふ・供ふ）

　◆準備（ジュンビ）は「予想をたててする用意・したく・不時の備え」の意。

tʰog（滔）「水がいきりたつ」
tʰog（滔）「水がいきりたつ」 ＝ タギツ（滾つ）

　◆滔滔（トウトウ）は「水が勢いよく流れていくさま」が基本義。タギツは「水がさか巻き流れる」が基本義。ちなみに，タギル（滾る）は tʰog（滔）と同源である。

dziet（疾）「進行がはやい・やまい」
fiuăn（患）「わずらう・わずらい」 ＝ ツツガ（恙）

　◆疾患（シッカン）は「病気・わずらい」の意。ツツガは「病気・わずらい・故障・異常」の意で，ツツガナシ（恙無し）は「無事である・異常がない」こと。

tsəg（宰）「つかさ・つかさどる」
siəg（司）「つかさ・つかさどる」 ＝ ツカサ（首・司・官）

　◆宰司（サイシ）は「宰相・物ごとを責任をもって処理する・官吏・役人」の意。ツカサは「首長・官庁・役人・官職・職務」の意。

tʰiuət（出）「でる・だす」
kăg（嫁）「とつぐ・ゆく」 ＝ トツグ（嫁ぐ）

　◆出嫁（シュッカ）は「嫁に行く・えんづく」こと。トツグもこれと同義。

tɪed（到）「とどける・いたす」
kəd（届）「とどく・いたる」 ＝ トドク（届く）

　◆到届（チカイ）は「届く・届ける」こと。

nɪet（暱）「なじむ・ちかづく」
pier（比）「ならぶ・したしむ」 ＝ ナジム（馴染む）

　◆暱比（ジツビ）とナジムはともに「なれ親しむ」こと。

niəm（任）「かかえた荷物・つとめ」
bɪuəg（負）「おう・せおう・そむく」 ＝ ニナフ（荷ふ・担ふ）

　◆任負（ニンフ）は「背負う・重い物を車に載せる」こと。ニナフのナは niəm の m に対応。方言でミカン（蜜柑）をニカンといったり，ミガク（磨く）をニガクといったりするのに似た音対応である。

pɪaŋ (放)「はなす・はなつ・まかす」　＝ ハナツ (放つ)
tʰiuət (出)「外へ出る・外へだす」

　◆放出 (ホウシュツ) は「束縛を解かれて出る」が原義。

bǒr (排)「ひらく・おしのける」　　＝ ハラフ (払ふ)
pʰɪuət (払)「はらう・はらいのける」　＝ ハラフ (祓ふ)

　◆排払 (ハイフツ) は「排除する・払いのける」こと。ハラフ (祓ふ) は「神に祈って災や罪を捨て去る」こと。

pʰɪar (被)「ひらく・おしひらく」　＝ ヒロム (広む・弘む)
pʰɪuag (敷)「しく・ひきのばす」　＝ ヒロマル (広まる)

　◆被敷 (ヒフ) は「広げる」こと。ヒロムは「広める・広く伝える」こと。

bɪat (別)「わかれる・わける」　　＝ ヘダツ (隔つ)
ḍiog (袖)「そで・そでにいれる」　＝ ヘダタル (隔たる)

　◆別袖 (ベッシュウ) は「袖をわかつ・別れる」こと。ちなみに、「互いに間が隔たっているさま」を意味するヘダヘダ (隔隔) は bɪat (別) と同源のヘダを重ねた畳語である。

pʰuar (破)「やぶる・やぶれる・わる」　＝ ホロブ (亡ぶ)
miat (滅)「ほろぼす・ほろびる」　＝ ホロボス (亡ぼす)

　◆破滅 (ハメツ) は「亡びる」こと。ホロブのブは miat の mia に対応。

pʰɪək (愊)「まこと・うそがない」　＝ マコト (真・誠・信)
diet (実)「み・みのる・まこと」

　◆愊実 (フクジツ) は「誠実」、マコトは「本当・誠実・偽りなく」などの意。

mɪuəd (未)「いまだ～せず」　＝ マダキ (まだき)
ɦuan (完)「まっとうする」

　◆未完 (ミカン) は「まだ全部終わっていない」こと。マダキは「早くも・もう・時も至らないのに・早早と」の意。原義は「まだ～していない」である。

muan (鰻)「うなぎ」　＝ ムナギ／ウナギ (鰻)
ŋɪag (魚)「さかな」

　◆鰻魚 (マンギョ) は「うなぎ」の意。ウナギは語頭子音が消失した形である。ムナギ／ウナギは鰻の胸が黄色であることによる命名だという説が一般に受け入れられているが、鰻の胸が黄色であるとは思われない。

pǎk（百）「ひゃく」
tsiuk（足）「あし」 ＝ ムカデ（百足）

　◆百足（ヒャクソク）は「ヤスデ・ムカデ」の意。

bəŋ（朋）「とも・なかま・たぐい」
lıuǎd（類）「たぐい・なかま・にる」 ＝ モコロ（如・若）

　◆朋類（ホウルイ）は「仲間」の意。モコロは「相似している」さま。

第4タイプの対応

　第4タイプの対応では，古代中国語の $C_1O_1C_2\text{-}C_3O_2C_4$ という音連鎖において語頭子音の C_1 に対応する音が日本語でしばしば脱落する以外にどの音も脱落しません。そこでこのタイプの対応をする和語は，付加された動詞語尾ル，スや形容詞語尾シを除けば4音節です。なお，C_1 の脱落はどのタイプの対応でもよく生じますが，第4タイプの対応ではその傾向がより強いように思われます。アキナフ（商ふ），イニシヘ（古），ウナヅク（頷く），オキナフ（補ふ）などの4音節語の多くはこのタイプに属します。

　下に，語頭子音が脱落していなくて，かつ中国語との音対応がすぐに理解できる和語を選んで，その対応例を示します。この中に，擬態語と呼ばれる言葉がいくつか含まれています。

kuaŋ（光）「ひかる」
ḍıəg（耀）「かがやく」 ＝ カガヤク（輝く）

　◆光耀（コウヨウ）は「光り輝く・輝き」の意。古代中国語の ḍ の音は現代中国語で多くの語において y の音になっている。日本語との関係でも ḍ は y と対応することがもっとも多い。

kıǎŋ（鏡）「かがみ・かんがみる」
klǎm（鑑）「かがみ・かんがみる」 ＝ カンガム（鑑む）
　　　　　　　　　　　　　　　　　　カガミ（鏡）

　◆鏡鑑（キョウカン）は「鏡・反省のためのよすがとする」の意。klǎm の kl は l が消失して単子音化した。カガミは第2タイプの対応例。カガミを「影見」の意とする通説は誤っている。

fiuər (回)「まわる・まわす」
fiuər (回)「まわる・まわす」 ＝ クルクル (くるくる)

- ◆回回 (カイカイ) は「ぐるぐるめぐり回る」こと。グルグル，グラグラ，コロコロなどもこれらと同源。

tiăg (遮)「さえぎる・ふさぐ」
ĝlan (欄)「てすり・くぎり」 ＝ シガラム (柵む) / シガラミ (柵み)

- ◆遮欄 (シャラン) は「さえぎり止める」こと。シガラムは「絡みつける・竹や木の枝を絡ませて流れる水を塞ぐ・かかわりを持つ」こと。ĝlan の ĝl は ĝ が消失して単子音化した。n は語末でしばしば m になる。

siat (泄)「もれる・もらす」
siat (泄)「もれる・もらす」 ＝ シトシト (しとしと) / シトド (しとど)

- ◆泄泄 (セツセツ) は「もれる・もらす」，シトシトは「しとやか・雨などの降るしめやかな音」の意。シトドはシトシトの短縮形で，「ぐっしょり濡れる」さま。

tsʰieŋ (清)「きよい・きよらか」
sïaŋ (爽)「さわやか・あきらか」 ＝ スガスガシ (すがすがし)

- ◆清爽 (セイソウ) は「清くさわやかである」さま。スガスガシもこれと同義。

siɔg (小)「ちいさい・すこしく」
siɔg (小)「ちいさい・すこしく」 ＝ スコシキ (少しき)

- ◆小小 (ショウショウ) は「ごくわずか・年が若い」の意。スコシキは「小さいこと・少ないこと」の意。45 ページに示したスコシ (少し) と同源。

tsïɔk (側)「かたわら・わき・かたよる」
pʰuar (頗)「かたよる・すこぶる・やや」 ＝ スコブル (頗)

- ◆側頗 (ソクハ) は「一方に片寄っている」が基本義で，そこから「程度が一定の水準からずれている」の意，さらに程度を表す副詞として「少し・はなはだ」の意が生じた。古代日本語のスコブルも「少し・はなはだ」の両義を有した。

dɪer (遅)「おそい・おくれる」
dɪer (遅)「おそい・おくれる」 ＝ ソロソロ (そろそろ)

- ◆遅遅 (チチ) は「ぐずぐずしている・日が長くてのどか・せこせこしない」さま。

dɪad（滯）「とどこおる」
lɪog（留）「とどまる」 ＝ タヂロク（たぢろく）
  ◆滯留（タイリュウ）は「滯る・滯らせる・しばらくの間ひと所に留まる」
  こと。タヂロクは「前進する気持ちがひるんで動揺する」などの意。

dhiəg（時）「とき・時代・曆」
pĭăŋ（柄）「え・とる・權力」 ＝ トキメク（時めく）
  ◆時柄（ジヘイ）は「時の權力」の意。トキメクは「よい時機に会って声望を
  得て優遇される」こと。「時めくように扱う・とりたててかわいがる」を意
  味するトキメカス（時めかす）もこれと同源の語。

nɪed（膩）「あぶら・ねっとりしている」
lɪog（理）「ことわり・すじめ・きめ」 ＝ ナダラカ（なだらか）
  ◆膩理（ジリ）は「皮膚がきめ細かい」こと。ナダラカは「表面や肌が滑らか
  である・円滑である」などの意。これから「傾斜がゆるやか」の意が派生
  した。

bag（歩）「あるく・あゆみ・はかる」
bag（歩）「あるく・あゆみ・はかる」 ＝ ハカバカシ（はかばかし）
  ◆歩歩（ホホ）は「一歩一歩・一歩一歩踏みしめて行く」の意。ハカバカシ
  は「仕事の進み方がはっきりしている」などの意。

pɪuər（飛）「とぶ・とばす」＿ ヒラヒラ（ひらひら）
pɪuər（飛）「とぶ・とばす」 ＝ ホラホラ（ほらほら）
  ◆飛飛（ヒヒ）は「ひらりひらりと飛ぶ」さま。ヒラヒラもこれと同義。ホ
  ラホラはその母音交替形。

pɪuər（飛）「とぶ・とばす」＿ ヒロメク（裵く・閃く）
mɪuag（舞）「まう・まい」 ＝ ヒラメク（閃く）
  ◆飛舞（ヒフ）は「飛び舞う」こと。ヒロメクは「ひらひらと降る・ぴかぴか
  と光る」，ヒラメクは「ぴかっと光る・ひらひらとひるがえる」こと。「ひ
  らひらと飛ぶ」が両者の原義であったと考えられる。

băŋ（膨）「ふくれる」
tiaŋ（脹）「ふくれる」 ＝ フクダム（ふくだむ）
  ◆膨張（ボウチョウ）は「脹れあがる」こと。フクダムは「毛がそばたって脹
  らんだようになる・けばたつ」こと。ŋ は語末でしばしば m になる。

mıăŋ (明)「あきらか・あかるい」
laŋ (朗)「ほがらか・あかるい」
= ホガラカ (朗らか)

◆明朗 (メイロウ) は「朗らかである・不正がない」こと。ホガラカは「明るく光るさま・明るく広々としたさま」などの意。

bıuăt (伐)「きる・うつ」
kar (柯)「え (柄)・えだ」
= マサカリ (鉞)

◆伐柯 (バッカ) は「枝を切る」こと。マサカリは斧に似たもので，刑具や武具などとして用いられた。

m̥ıuər (爆)「やく」
m̥uər (火)「ひ」
= メラメラ (めらめら)

◆爆火 (キカ) は「炎がめらめら燃えるさま・烈火」の意。メラメラもこれと同義。

　ここまで二対一の対応例をたくさん示しましたが，この種の例は上にあげたものの 10 倍以上あります。しかし，すべてが自明の例ばかりではありません。たとえば，私があれこれ考えて組み合わせた次の例は不審に思われるかもしれません。

ŋıag (漁)「すなどる・あさる」
mıuaŋ (網)「あみ・あみをうつ」
= クモ (蜘蛛)

◆漁網 (ギョモウ) は「魚をつかまえる網」の意。クモは蜘蛛の巣が漁網に似ていることによる命名。朝鮮語の gɔmi「蜘蛛」も同源であろう。ちなみに，クモの異名であるササガニ (細小蟹) は「蜘蛛の巣」をも表した。

tsʰieŋ (蒼)「あお・あおい」
lıoŋ (窿)「アーチ状の大空」
= ソラ (空)

◆蒼窿 (ソウリュウ) は「青々とした大空」の意。これがソラの原義であったと考えられる。

mog (茂)「しげる・さかん」
dhiug (樹)「き・たちき」
= マツ (松)

◆茂樹 (モジュ) は「茂った樹木」の意。常緑樹の松は古来，節操・長寿・繁茂などの喩えに使われてきたという。

pɪak (碧)「あおみどり」
thiuǎr (水)「みず」 = ミヅ／ミナ (水)

◆碧水 (ヘキスイ) は「青碧をした川の水」の意。ミナは舌音の th が舌音の n に鼻音化した形で，ミヅの交替形である。そしてミナは，ミナヅキ (水無月) やミナト (水門) のような複合語に用いられる。なお，ミナヅキやミナトのナは一般には連体助詞と見られている。

mɪɪǎŋ (明)「あかるい」
tsʰǔŋ (窓)「まど」 = マド (窓)

◆明窓 (メイソウ) は「明るい窓」の意。マドはマ (目) とト (戸) の結合形だという説がある。

ĝlek (鬲)「かなえ」
niag (如)「ごとし」 = カナヘ (鼎)

◆鬲如「レキジョ」は「鬲さながらの形」の意。鼎は 3 本の足と 2 つの耳のある器で，鍋や食器などとして用いられた。これに似た形をした器を「鼎みたいな形のもの」という意味で「カナヘ」と称するようになったと考えられる。ĝlek の ĝl は日本語では l が脱落し，中国語では ĝ が脱落した。語末での g とハ行子音との対応はきわめて頻繁に起こる。

ŋar (飢)「うえる」
laŋ (狼)「おおかみ」 = クラフ (食らふ)

◆飢狼 (ガロウ) は「飢えた狼・貪欲」の意。クラフはこれを動詞化した語であり，食べる動作を卑しめて「がつがつとむさぼり食う」という意味あいで用いる。クラフのフは laŋ の ŋ に対応している。語末での ŋ とハ行子音との対応はきわめて頻繁に起こる。

sǎn (山)「やま」
xuǎr (花)「はな」 = サクラ (桜)

◆山花 (サンカ) は「山の花」の意。山の花の代表は桜。昔，桜といえば山桜のことであった。

bɪuag (輔)「たすける・たすけ」
tsar (佐)「たすける・たすけ」 = ヒダリ (左)

◆ヒダリは左右の手や足がたがいに助けあう関係にあるという発想による命名。ちなみに，ミギ (右) の語源は bɪuag (輔) である。bɪuag の bɪua が一方でヒになり，他方でミになっているのは不思議な対応ではない。

ĝiaŋ（羊）「ひつじ」
tiet（質）「なかみ」　= ヒツジ（羊）

◆ヒツジは，外見ばかりりっぱで中身の伴わないことの喩えとして用いられる羊質虎皮（ヨウシツクヒ）という4語熟語を下敷きにした造語である。ĝはしばしばヤ行半母音やハ行子音に対応する。ちなみに，古代中国語のĝiaŋ（羊）は日本語でヤギ（山羊）に対応する。羊は百済からの貢物として日本にもたらされた家畜のようで，ヤギとは異なる名を付ける必要があった。

ṃuɐr（火）「ひ・南方」
nəm（南）「みなみ」　= ミナミ（南）

◆古代中国の五行思想に五行配当というものがあり，万物の根元とされる「水・金・土・火・木」の元素が方位とも結び付けられていた。そして，「火」が「南方」に配当されていた。

　言葉というのはただのシンボルですから，本来は何をどう命名しようと勝手です。しかしまわりの人の共感が得られなければ，どんな造語も社会に共通の言葉にはなりません。そこで渡来人たち，また渡来系の人たちは，新しい言葉をつくるのに工夫を凝らしました。中国語を素材にして，中国語にはない新語をつくっていったのです。

　そういう言葉の起源は想像力や空想力を働かせなければ解き明かすことができません。しかし想像や空想の仕方は人によってまちまちですから，私が頭をひねって考えついた上記の対応関係はすべての人の賛同を得られるとはかぎりません。

2　三対一対応の語形成

　渡来系の人々の中に新しい言葉を考案するのに熱心な人や熱中した人がいたようです。そして達人がいました。彼らは中国語に精通していました。三対一対応の語形成はそのことを如実に物語っています。

　三対一の語形成というのは古代中国語の3語が日本語の1語と対応する造語法のことです。しかし，古代中国語の3語は，数少ない例は別にして，2語熟語が2つ結合したものです。単純に結合すれば4語になるのですが，それが3語に縮約されているのです。つまり，ABという2語熟語とBCという2語熟語があったとして，これらをABBCとするのではなく，ABCという3語に縮めます。そして，これから新しい日本語をつくるのです。たとえば，「人民・民衆」を意味する万庶（バンショ）と庶民（ショミン）を合わせた万庶民（mɪuǎn-thiag-miǒn）からミタミ（み民）という語がつくられました。ちなみに，この語は「御民われ生ける験あり天地の栄ゆる時に……」（万996）のように表記されますが，本来は敬語表現ではありませんでした。ついでにいっておくと，ミカキ（み垣），ミクサ（み草），ミコモ（み籠），ミサト（京）などについても同じです。

　さて，このような三対一対応という独創的な造語法を使って，200語以上の和語がつくられました。これらの和語と古代中国語との対応は3つのタイプに分類されます。

第5タイプの対応

　第5タイプの対応では，古代中国語の3語の語末子音がいずれも対応する日本語で脱落しています。こういう例を下にあげてみましょう。

kab（蓋）「おおう・ふた・かさ」
pier（庇）「かばう・おおう」　　　＝ カバフ（庇ふ）
pʰıog（覆）「おおう・かぶせる」
　◆蓋庇（ガイヒ）と庇覆（ヒフク）はともに「覆いかぶせてかばう」こと。カバフは「擁護する・大切に守る」こと。

kɪuən (翬)「きじ」
kɪuən (翬)「きじ」＝ キギシ／キギス (雉)
dɪer (雉)「きじ」
　　◆翬翬 (キキ) は雉が飛ぶ羽音の形容。翬雉 (キチ) は「白地に五色の文様の
　　　ある雉」の意で，キジ (雉) と同源。キギシ／キギスは「雉」の意。

m̥əg (海)「うみ・わた」
thiog (獣)「けもの」　　＝ クヂラ (鯨)
lɪuɜd (類)「たぐい」
　　◆海獣 (カイジュウ) は「海に住む哺乳動物」，獣類 (ジュウルイ) は「哺乳動
　　　物・獣」の意。

ŋɪăn (言)「いう・ことば」
ḓiəg (辞)「ことば・ふみ」＝ コトバ (詞・辞・言葉)
pʰɪuəd (費)「ついやす」
　　◆言辞 (ゲンジ) は「言葉・言葉つかい」，辞費 (ジヒ) は「無益に言葉を費やす・
　　　口先だけのこと」の意。コトバは奈良時代までは「口先だけの表現」を意
　　　味したが，平安時代にコトバのバを「葉」に見立てるようになった。

ŋieg (児)「こ・子ども・若者」
duŋ (童)「わらべ・おさなご」　　＝ コドモ (子共・子供)
moŋ (蒙)「くらい・道理にくらい」
　　◆児童 (ジドウ) は「子供・子供ら」の意。童蒙 (ドウモウ) は「幼い子供・無
　　　知なこと」の意。

tsʰieŋ (清)「きよい・きよらか」
ɦɪuɐ̆ŋ (栄)「さかえる・さかえ」＝ サカユ (栄ゆ)
ḓiɔg (耀)「かがやく・かがやき」
　　◆清栄 (セイエイ) は「清く美しく栄える」，栄耀 (エイヨウ) は「栄え時めく」
　　　こと。ḓ はヤ行半母音との対応がもっとも一般的である。

tsien (進)「すすむ」
ĝlag (路)「みち・じ」＝ シルベ (導・指南)
piɔg (標)「しるし」
　　◆進路 (シンロ) は「進んで行く道すじ」，路標 (ロヒョウ) は「道標」の意。
　　　シルベは「道案内・手引き・手引きをする人」の意。ĝlag の ĝl は ĝ が消
　　　失して単子音化した。

tsier (姿)「すがた・様子」

fieŋ (形)「かたち・かた」　＝ スガタ (姿)

dzïaŋ (状)「すがた・かたち」

　◆姿形 (シケイ) と形状 (ケイジョウ) はともに「姿・形」の意。

sǎk (朔)「ついたち・きた」

tʰag (土)「つち・土地・大地」＝ ソトモ (背面)

pɪaŋ (方)「かた・むき・方角」

　◆朔土 (サクド) は「北方・北の地」, 土方 (ドホウ) は「土地の方角」の意。ソトモは「北・北方」の意。ちなみに, キタ (北) は「北・北方」を意味する玄朔 (ゲンサク), すなわち fiuān (玄)-sǎk (朔) と同源の第 1 タイプの対応例である。

dzəŋ (贈)「おくる・あげる」

bɪat (別)「わかれる・わかれ」＝　タムク (手向く)

　　　　　　　　　　　　　　　　タムケ (手向け)

kʰɪag (去)「さる・たちさる」

　◆贈別 (ゾウベツ) は「人の門出を見送るとき詩文や品物などをはなむけとして贈る」こと。別去 (ベッキョ) は「別れ」の意。タムクは「旅の安全を祈って峠の神に供え物をする・旅立つ人に贈り物をする」こと。タムケはタムクの名詞形で,「峠の神に供え物をしたり旅立つ人に贈り物をしたりすること」が本来の意味。これから「手向けをする所・峠」の意が生じた。タムケはのちにタウゲ (峠) に変化した。

tsʰen (阡)「南北に通じるあぜ道」

muǎk (陌)「東西に通じるあぜ道」＝ チマタ (巷・衢)

dug (頭)「あたま・そのあたり」

　◆阡陌 (センパク) は「田畑の中のあぜ道」, 陌頭 (ハクトウ) は「あぜ道のそば・道ばた」の意。チマタは「町通り・道」の意。「道の交差する所」の意はチマタをチ (道・方向) マタ (又) と異分析したことによる派生義。

tsʰǎd (差)「つかわす」

kʰian (遣)「つかわす」＝　ツカフ (使ふ)

　　　　　　　　　　　　　ツカハス (使はす・遣はす)

pɪuǎt (発)「つかわす」

　◆差遣 (サケン) と遣発 (ケンパツ) はともに「使いを差し向ける」こと。ツカフは「派遣する」が原義で,「意向に従わせる・役立て用いる」などの意味が派生した。ツカハスはツカフに尊敬の助動詞スを付加した形で,「お使いになる・命じて行かせる」などの意。

dǎg (茶)「ちゃ」

muəg (梅)「うめ」＝ ツバキ (山茶，椿，海石榴)

xuǎr (花)「はな」

　　◆茶梅 (チャバイ) は山茶花 (さざんか)，梅花 (バイカ) は「梅の花」の意。

thʰŋ (通)「とおる・とおす」

ĝlag (路)「みち・すじみち」＝ トリヰ (鳥居)

piɔg (標)「こずえ・しるし」

　　◆通路 (ツウロ) は「通り道・道を開いて通じさせる」，路標 (ロヒョウ) は「道
　　しるべ」の意。鳥居は「神聖な領域に通じる入り口」を標示するものであっ
　　た。ĝlag の ĝl は ĝ が消失して単子音化した。

・ıǎŋ (映)「うつる・はえる」

pıuǎt (発)「はなつ・おこる」＝ ニホユ (匂ゆ)
　　　　　　　　　　　　　　　　 ニホフ (匂ふ)

ḍiaŋ (揚)「あげる・あがる」

　　◆映発 (エイハツ) は「光などが映りあって目立つ・照り映える・美しくき
　　らめく」こと。発揚 (ハツヨウ) は「輝き現れる・輝かす」などの意。喉音の・
　　とナ行子音との対応は 29 ページを参照。

nāp (捻)「つまむ・にぎりもつ」

tıuan (転)「ころぶ・ころばす」＝ ネジク (拗く)

ɦıuər (回)「まわる・まわす」

　　◆捻転 (ネンテン) は「ねじる・ねじれる」，転回 (テンカイ) は「まわる・ま
　　わす」こと。ネジクは「ねじれる」こと。

・ıuǎn (怨)「うらむ・うらみ」

lād (詈)「のろう・けなす」　　＝ ノロフ (呪ふ・詛ふ)

mǎg (罵)「ののしる・ののしり」

　　◆怨詈 (エンリ) は「恨みのろう」，詈罵 (リバ) は「ののしる」こと。ノロフ
　　は「人を恨んで災が起こるようにと神仏などに祈る」こと。・とナ行子音
　　との対応は上のニホユなどと同じ。

puən (本)「もと・はじめ」

tsʰiag (初)「はじめ・もと」　　＝ ハジム (始む)

pıuǎt (発)「はなつ・おこす」

　　◆本初 (ホンショ) は「もと・はじめ」の意で，日本語のハツ (初) と同源。
　　初発 (ショハツ) は「はじめ」の意。

pʰuar（破）「やぶる・やぶれる」

suəd（砕）「くだく・くだける」＝ ヒシグ／ヒサグ（拉ぐ）

kek（撃）「うつ・うちあてる」

　◆破砕（ハサイ）は「砕く」，砕撃（サイゲキ）は「打ち砕く」こと。ヒシグ／
　　ヒサグは「強く押しつぶす」などの意。

pɹuag（傅）「おもり役・つきそう」

siaŋ（相）「あい・たがいに」　　＝ フサフ（相応ふ）
　　　　　　　　　　　　　　　　　　　フサハシ（相応し）
・ɹəm（応）「こたえる・応じる」

　◆傅相（フショウ）は「付き添い」，相応（ソウオウ）は「ふさわしい」の意。
　　フサフは「適合する」こと。喉音の・はしばしばハ行子音と対応する。

pŏg（包）「つつむ・つつみ」

dzaŋ（蔵）「かくす・かくれる」＝ ホツモリ（ほつもり）

bɹuək（伏）「ふせる・ひれふす」

　◆包蔵（ホウゾウ）は「包み隠す」，蔵伏（ゾウフク）は「隠れる」こと。ホツ
　　モリは，古事記の歌謡の一節「三つ栗の中つ枝のほつもり」に見える不詳
　　語。ホツモリはおそらくホツモルという動詞の名詞形で，「包み隠されて
　　いるもの」，すなわち「毬（いが）に覆われた3つの栗の実」の意。

bog（抱）「だく・だきかかえる」

・ɹuŋ（擁）「いだく・おおう」　　＝ マナガル（まながる）

kʰɹəm（衾）「ふすま・かけぶとん」

　◆抱擁（ホウヨウ）は「抱きかかえる」，擁衾（ヨウキン）は「夜具をまとう」
　　こと。マナガルは「抱擁して寝る」こと。ルは動詞語尾。・とナ行子音と
　　の対応は上のニホユやノロフと同じ。

bɹuǎn（繁）「しげる・しげし」

tʰiaŋ（昌）「あきらか・さかん」＝ ミヅホ（瑞穂）

bɹǎŋ（平）「たいら・たいらか」

　◆繁昌（ハンショウ）は「盛んに茂る・国が栄える」，昌平（ショウヘイ）は「国
　　が栄え世がおさまる」こと。ミヅホのホは「穂」の意ではない。

pɹak（碧）「あおみどり」

tsʰeŋ（青）「あお」　　　　＝ ミドリ（緑）

b̥ɹuk（緑）「みどり」

　◆碧青（ヘキセイ）は「群青」，青緑（セイリョク）は「濃緑」の意。

mıuǎn（万）「まん・よろず」
kag（古）「ふるい・いにしえ」＝ ムカシ（昔）
sıǎk（昔）「むかし・きのう」
　　◆万古（バンコ）は「永遠・大昔」，古昔（コセキ）は「昔」の意。ムカシは「遠
　　　い過去」と「あまり遠くない過去・以前」の両方を意味した。

mlıuk（睦）「むつむ・むつまじい」
tsʰien（親）「したしむ・したしい」　　＝　ムツブ（睦ぶ）
mıět（密）「ぴったりとすきまがない」　　　ムツマシ（睦まし）
　　◆睦親（ボクシン）は「睦み親しむ・親しい身うち」の意。親密（シンミツ）
　　　は「親しくてへだてがない・人に親しく接する」こと。ムツブは「血縁者
　　　や夫婦が仲よくする」こと。ムツマシはその形容詞形。mlıuk の ml は l
　　　が消失して単子音化した。

pog（宝）「たから・たいせつにする」
tıen（珍）「めずらしい・上等の宝石」＝ メヅラシ（珍し）
lār（麗）「うるわしい・整っている」
　　◆宝珍（ホウチン）は「貴重な玉・珍重する」，珍麗（チンレイ）は「珍しく美
　　　しい」の意。

bǎk（白）「しろ・しろい」
m̥lög（醪）「どぶろく」　　　＝ モロミ（醪）
mer（米）「こめ・いね」
　　◆白醪（ハクロウ）は「白酒」，醪米（ロウベイ）は「酒米」の意。モロミは「醸
　　　造してまだ糟をこしてない酒」の意。こしてない醤油やひしお（醤）をモ
　　　ロミということもある。m̥lög の m̥l は m̥ が消失して単子音化した。

第 6 タイプの対応

　第 6 タイプの対応は，古代中国語の 3 語のうち 1 語目と 2 語
目の語末子音に対応する音が日本語で脱落するタイプの対応です。
3 語目の語末子音に対応する音が日本語で保たれているので，こ
のタイプに属する和語は，動詞語尾のル，スや形容詞語尾のシを
除外すれば，いずれも 4 音節語です。

　下に第 6 タイプの対応例を示しますが，このタイプに属する
例は第 5 タイプの例より少数です。

kăn（肩）「かた」

ḍiuar（随）「したがう」＝ カシヅク（傅く）

dhiəg（侍）「はべる」

> ◆肩随（ケンズイ）は「肩を並べ少し後に従う」，随侍（ズイジ）は「従いはべる」こと。カシヅクは高い地位にある者がへりくだって「子供を大事に養育する・大事に世話をする」の意で用いるのが通例。

kɪuŋ（拱）「こまぬく・こまねく」

mək（黙）「もだす・だまる」　　＝ コマヌク（拱く）

nak（諾）「はいとこたえる」

> ◆拱黙（キョウモク）は「手をこまねいて黙する」，黙諾（モクダク）は「黙って，そのまま承諾する」こと。コマヌクは「腕組みをする・何もしないでいる」こと。

kɔg（蛟）「みずち（竜の一種）」

tʰɪar（螭）「みずち（竜の一種）」　＝ クチナハ（蛇）

nɪog（紐）「ひも・印章のつまみ」

> ◆蛟螭（コウチ）は「みずち」，螭紐（チチュウ）は「みずちの形をした印象のつまみ」の意。クチナハは「蛇」の意。蛇をみずちに見立てながら，印章のつまみがみずちの形をしていることと蛇が紐の形をしていることを掛け合わせた命名。クチナハのハは nɪog の g に対応。語末の g はきわめて頻繁にハ行音になる。とくに，動詞の終止形語末音がフの音である場合，そのフと中国語の g か ŋ との対応が顕著である。

kug（構）「かまえる」

dhieŋ（成）「なる・なす」＝ コシラフ（誘ふ・拵ふ）

lɪəp（立）「たつ・たてる」

> ◆構成（コウセイ）は「組み立てる・組み立て」の意。成立（セイリツ）は「まとまってできあがる・成り立つ」こと。コシラフは「構図におさまるように相手をなだめ，とりなす」が本来の意で，そこから「材料にあれこれ手を加えて思うような物を作り出す」という意が生じたという。

thiat（設）「もうける・そなえる」

tiəg（置）「おく・すえる・たてる」＝ シツラフ（しつらふ）

lɪəp（立）「たつ・たてる・つくる」

> ◆設置（セッチ）は「機関などを設けて置く」，置立（チリュウ）は「設立する」こと。シツラフは「飾りなどをふさわしく設備する」こと。

sɔg（噪）「さわぐ・さわがしい」
sɔg（噪）「さわぐ・さわがしい」＝ ソソノカス（唆す）
niog（擾）「みだす・みだれる」
　　◆噪噪（ソウソウ）は「せかせかとする・ざわざわさせる・忙しくする」，噪
　　擾（ソウジョウ）は「せわしくいらだつ」こと。ソソノカスは「せかして勧
　　める・せき立てる」などの意。スは他動詞を作るための動詞語尾。

tɪed（致）「いたす・まねきよせる」
tsəg（災）「わざわい・わざわいする」　＝ タシナム（たしなむ）
nan（難）「わざわい・なじる・そしる」　　タシナシ（たしなし）
　　◆致災（チサイ）は「災難をまねく」こと。タシナムは「ひどい目にあう」が
　　原義で，自動詞として「困窮する・苦しみながら一生懸命つとめる」，他
　　動詞として「困窮させる・苦しめる」などの意を表す。タシナシは第5タ
　　イプの対応例で，「困窮している」が基本義である。語末の n は日本語で
　　しばしばマ行音と対応する。

tiog（周）「あまねし・あまねく」
dhien（慎）「つつしむ・つつしみ」＝ ツツシム（慎む）
thien（身）「み・からだ・わがみ」
　　◆周慎（シュウシン）は「慎み深くする」，慎身（シンシン）は「慎む」こと。n
　　とムとの対応は上のタシナムの場合と同じ。

tög（弔）「とむらう・いたむ」
mɪuən（問）「とう・たずねる」＝ トブラフ（訪ふ・弔ふ）
log（労）「いためる・ねぎらう」
　　◆弔問（チョウモン）は先に示した日本語のトフ（問ふ）と同源で，「人の死
　　をいたみ遺族を訪問して慰める」こと。問労（モンロウ）は「苦労した様
　　子を聞いて慰める」こと。語末の g がハ行音になるのは上のクチナハの
　　場合と同じ。

noŋ（農）「たがやす・畑仕事」
lɪək（力）「ちから・つとめる」　＝ ナリハヒ（生業）
ɦăŋ（行）「おこなう・おこない」
　　◆農力（ノウリキ）は「力をじわじわ用いる・粘り強く働く・田畑を耕す能
　　力」，力行（リョクコウ／リキコウ）は「力の限り努力して行う・自分で実
　　際に行う・実行」の意。ナリハヒは「農作・作物・生業（なりわい）・職業」
　　の意。ナリハヒのハヒは ɦăŋ に対応している。

62

・ɪam（淹）「ひたす・おおう」

dzieg（漬）「ひたす・つける」＝ ナヅサフ（なづさふ）

tsiəm（浸）「しみる・ひたす」

　◆淹漬（エンシ）は「水に漬かる・水浸し」の意。漬浸（シシン）は「水に浸す・水に浸る」こと。ナヅサフは「水に浸る・漂う」こと。喉音の・とナ行子音との対応は 29 ページを参照。

puən（奔）「はしる・かける」

tsʰug（湊）「みなと・あつまる」＝ ヒシメク（犇く）

bak（泊）「とまる・船着き場」

　◆奔湊（ホンソウ）は「走り集まる」，湊泊（ソウハク）は「船が船着き場に停泊する・一ヶ所に集まり留る」こと。ヒシメクは「押し合いへし合いする」こと。

・ɪəg（意）「おもい・おもう」

tɪoŋ（中）「なか・うち・なかば」＝ フツコロ／フトコロ（懐）

ɦuər（懐）「いだく・ふところ」

　◆意中（イチュウ）と中懐（チュウカイ）はいずれも「心の中」の意。フツコロはフトコロの古形で，「胸のうち・心の中・衣服の胸のあたり」の意。喉音の・はしばしばハ行子音になる。

mɪuĕr（媚）「こびる」

ḍiəg（辞）「ことば」＝ ヘツラフ（諂ふ）

lɪeŋ（令）「よい」

　◆媚辞（ビジ）は「こびへつらう言葉」の意。辞令（ジレイ）は「巧みにつらねた言葉・人と対応するときの言葉つかい」が本来の意味。語末の ŋ はきわめて頻繁にハ行音になる。

muar（魔）「まもの・あやしい術」

diuət（術）「わざ・てだて・すべ」＝ マジナフ（呪ふ）

ŋɪăp（業）「わざ・なりわいとする」

　◆魔術（マジュツ）は「まじない」，術業（ジュツギョウ）は「技芸」の意。ŋ はしばしばナ行子音になる。マジナフは「呪いをかける・呪術をする」こと。マジナヒ（呪ひ）はその名詞形。

第 7 タイプの対応

　第 7 タイプの対応はいわば「その他のタイプ」です。中国語の

2 語目と 3 語目の語末子音に対応する音が日本語で欠けている場合や，1 語目と 3 語目の語末子音に対応する音が日本語で欠けている場合などがあります。いずれの対応例も少ししか見つかりません。

　下に 12 例を示しますが，はじめの 8 例では中国語の 1 語目の語末子音が日本語で保たれています。あとの 4 例では中国語の 2 語目の語末子音が日本語で保たれています。

guǎd（拐）「かたる・かどわかす」
pʰian（騙）「たばかる・だます」　＝ カドハカス（匂引す）
kʰɪəg（欺）「あざむく・だます」
　◆拐騙（カイヘン）は「だまし取る・かどわかす」，騙欺（ヘンギ）は「かたる・だます」こと。カドハカスは「誘拐する」こと。スは動詞語尾。

xɪuǎn（喧）「かまびすしい」
bɪuǎn（繁）「しげる・しげし」　＝ カマビスシ（囂し）
dzəp（雑）「まじる・まじわる」
　◆喧繁（ケンハン）は「やかましい」さま。繁雑（ハンザツ）は「入り混じって煩わしい」さま。カマビスシのマは xuǎn の n に対応。ちなみに，「やかましい」を意味するカマシ（囂し）は xɪuǎn（喧）と同源であり，ヤカマシ（やかまし）は囂喧（ゴウケン），すなわち xɪɔg-xɪuǎn に対応する第 2 タイプの対応例である。喉音の x は日本語のヤ行半母音とも対応する。

tsiuən（俊）「すぐれる・ひいでた」
lɪaŋ（良）「よい・すぐれている」　＝ スメロキ（天皇・皇祖）
kʰɪed（器）「うつわ・才能・器量」
　◆俊良（シュンリョウ）は「才知が優れている・才知が優れた人」，良器（リョウキ）は「りっぱな器・りっぱなもの」の意。スメロキは「首長・天皇」の意。スメロキのメは tsiuən の n に対応。

dzĭaŋ（床）「とこ」
dhiak（石）「いし」＝
buan（盤）「いわ」
　　　　　　　　　トコシヘ（永久・不変）
　　　　　　　　　トコトバ（常・永久）
　◆石盤（セキバン）は「大きくて平たい石」の意。トコシヘ，トコトバは永久不変であることを土台の石盤に喩えた表現で，「永久・不変」の意。

pʰuat (潑)「こぼれちる」

puən (奔)「はしる・はやい」＝ ホドハシル (迸る)

tʰiuət (出)「でる・だす」

　◆奔出 (ホンシュツ) は「ほとばしる」こと。ホドハシルはホトバシルの古形。

・ɪən (慇)「ねんごろ・心をこめる」

gɪən (懃)「ねんごろ・ていねい」　＝ ネモコロ／ネンゴロ (懇)

lɪək (力)「ちから・つとめる」

　◆慇懃 (インギン) は「ねんごろ・気配りをすること」の意。懃力 (ギンリキ) は「丁寧に心をこめて勤める」こと。ネンゴロはネモコロの転。ネモコロのネは・ɪən の・に，モは n に対応。・と n の対応は上のニホユ，ノロフ，ナヅサフなどと同じ。

pʰaŋ (滂)「水やしぶきが広がる」

ɦɪuət (汨)「水流がはやいさま」　＝ ミナギル (漲る)

lɪog (流)「ながれる・ながす」

　◆滂汨 (ホウコツ) は「溢れ流れる」，汨流 (コツリュウ・イツリュウ) は「急流」の意。ミナギルは「水が溢れるように早く流れる」こと。ミナギルのナは pʰaŋ の ŋ に対応。ルは動詞語尾。

pɪuər (緋)「ひいろ」

tsiĕr (紫)「むらさき」＝ ムラサキ (紫)

kəm (紺)「こんいろ」

　◆緋紫 (ヒシ) は「赤紫」の意で，紫紺 (シコン) は「紫がかった紺」の意。紫色の染料をとる紫草からムラサキという色名が生まれたのではない。

tsʰer (凄)「さむい・すさまじい」

tsʰəm (惨)「むごい・心がいたむ」　＝ スサマジ (すさまじ)

tzĭaŋ (状)「すがた・かたち・様子」

　◆凄惨 (セイサン) は「ひどく痛ましく，惨めに感じる」こと。惨状 (サンジョウ) は「むごたらしい様子」の意。スサマジは「殺伐とした感じだ」などの意。

tsíək (即)「つく・すなわち」

・ɪəm (応)「こたえる・応じる」＝ スナハチ (即ち・則ち)

dhiəg (時)「とき・ころあい」

　◆即応 (ソクオウ) は「即座に対応する」，往事 (オウジ) は「時候にうまく合わせる・すぐに」の意。スナハチのナとハは・ɪəm の・ə と m に対応。・と n の対応は上のネモコロなどと同じ。

puăd（敗）「やぶれる・そこなう」
ɦuðr（壊）「やぶれる・こわれる」＝ ホコロブ（綻ぶ）
pɪuăd（廃）「すたれる・やめる」
　　◆敗壊（ハイカイ）は「破れ崩れる・物ごとがだめになる」，壊廃（カイハイ）
　　は「破れ廃れる」こと。ホコロブは「縫い目などがほどける」が基本義。

mɪuər（微）「かすか・かすかに」
dhiuar（睡）「ねむる・ねむり」　＝ マドロム（微睡む）
mən（眠）「ねむる・ねむり」
　　◆微睡（ビスイ）は「まどろむ」，睡眠（スイミン）は「眠る」こと。

　　ここまで三対一の対応例をいろいろあげてきましたが，もう少
し示しておきたいものがあります。三対一対応は原則として 2 つ
の 2 語熟語が 3 語に縮約された中国語との対応だといいました
が，次のように 2 語熟語に 1 語を加えた 3 語との対応例があります。

seŋ（星）「ほし」
bəŋ（朋）「なかま」＝ スバル／スマル（昴）
lŏg（僚）「なかま」
　　◆朋僚（ホウリョウ）は「同僚・友達」の意。スバル／スマルは「すばる星」
　　の意。肉眼で 6 つの星が丸く固まって見えるのでムツラボシ（六連星）と
　　もいう。

pɪuăt（発）「はなつ・おこる」
dhiəg（時）「とき・時間」　　＝ ムツキ（睦月）
ŋɪuăt（月）「つき・1 ヶ月」
　　◆時月（ジゲツ）は日本語のツキ／ツク（月）に対応する。ムツキは陰暦 1
　　月の称で，「出発する月・はじめの月」がその原義。

ɦieŋ（形）「かたち・すがた」
tʰəg（態）「すがた・さま」　＝ カタジケナシ（辱し・忝し）
tʰiog（醜）「みにくい」
　　◆形態（ケイタイ）は「形・ありさま」の意。カタジケナシの原義は「容貌が
　　醜い」こと。これが「みっともない・恐れ多い」の意に転じた。カタジケ
　　ナシのナシは強意的な形容詞語尾といえる。しかし一方で，ナシのナは
　　tʰiog（醜）-・ak（悪）の・a に対応する形態と見ることもできる。

thiog（手）「て」

ŋuad（外）「そと」　＝ タコムラ（手腓）

bɪuər（腓）「こむら」

　◆外腓（ガイヒ）は「脛の後部の肉がふくらんだ部分・ふくらはぎ」の意で，コムラ（腓）と同源。タコムラはこれにタ（手）が付いた形で，「手の筋肉のふくらんだ部分」の意。

pɪuər（飛）「とぶ・とばす・はやい」

den（電）「いなずま・いなびかり」　＝ ハタメク（はためく）

mɪĕŋ（鳴）「なく・なる・ならす」

　◆飛電（ヒデン）は「稲光り」，ハタメクは「鳴り響く・響きわたる」などの意。

xɪar（曦）「ひ・ひかり・太陽」

pɪaŋ（方）「かた・むき・方向」　＝ ヒムカヒ（日向）

xɪaŋ（向）「むく・むかう・むき」

　◆ヒムカヒは「日のさす方向・東」の意。ヒムカヒは「日のさす方・東」の意。語頭のヒは xɪar の xɪa に対応。語末のヒは xɪaŋ の ŋ に対応。ちなみに，ムク（向く）は pɪaŋ（方向）-xɪaŋ（向）との第1タイプの対応例で，ムカフ（向ふ）はそれとの第2タイプの対応例である。

pʰɪar（披）「ひらく・はなれる」

lɪar（離）「はなれる・はなす」　＝ ハラメク（はらめく）

mɪĕŋ（鳴）「なく・なる・ならす」

　◆披離（ヒリ）は「ちりぢりばらばらになる」こと。ハラメクは「ぱらぱらと音をたてる・散乱する・ぼろぼろになる」こと。

ɦuǎr（踝）「くびす」

pɪuən（分）「わける」＝ クルブシ（踝）

tset（節）「ふし」

　◆分節（ブンセツ）は「一連のものをいくつかに分ける・いくつかに分けられたもの」の意。

・iet（一）「ひとつ」

tʰer（体）「からだ」　＝ ヒタタク（混く）

xuǎr（化）「かわる」

　◆一体（イッタイ）は「1つのからだ・ひとまとまりのもの」の意。ヒタタクは「入り混じって一体となる・込みあってごたごたする」が基本義。

　さて，三対一対応の和語の話の最後として大切なことを述べて
おきます。こういう手のこんだ造語法を誰が，いつ編みだしたか
についてです。

　考案者は古代中国語に精通していた人たちにちがいありません。
渡来系の人々が中心だったと考えられます。大陸からの渡来は紀
元前10世紀から断続的に行われてきたと思われますが，渡来者
のすべてにそのような造語能力があったわけではないでしょう。
それができるのは知識人です。

　そういう人として私が想像するのは，日本がまだ倭国と呼ばれ
ていた5世紀初頭あたりに大陸からやって来て明日香に定住する
ようになった大勢の人たちです。これは明日香に都が置かれる前
のことで，漢氏や秦氏といった氏族は彼らの子孫です。漢氏や秦
氏の祖先は朝鮮半島南部から来たともいわれますが，その氏名か
らして，彼らの故郷は中国であったと想像されます。そして，彼
らの母語は中国語であったはずです。

　ところで，明日香に都が置かれたのは推古天皇が即位した西暦
592年のことですが，推古の伯父にあたる蘇我馬子は仏教などの
大陸文化を取り入れることに熱心でした。その配下には中国語を
巧みに操る人たちがいたということですから，その時代にも新
たな和語がいろいろと作られたはずです。先に示したテラ（寺），
ヒツジ（羊），トリヰ（鳥居）などもそうでしょうが，次の語も弥
生時代のあとに生まれたものだと思います。

xɪaŋ（郷）「むらざと」
・ɪəp（邑）「くに・むら」　＝ コホリ（郡・評）
lɪəg（里）「さと・いなか」
　◆郷邑（キョウユウ）と邑里（ユウリ）はともに「村里」の意。コホリはいく
　　つかの郷や村を包括する地方行政組織。

68

sïer（獅）「しし・からしし」
tsiəg（子）「ちいさいもの」　＝ シシ（獅子・宍・獣・肉）

　◆獅子（シシ）は「ライオン」の意。シシは「ライオン」が原義で，「鹿や猪などの獣」や「獣肉」の意は派生義。

nəp（納）「おさめる・いれる」
diuk（贖）「あがなう・つぐなう」　＝ ヌサ（幣）

　◆納贖（ノウショク）は「金銭や品物を出して罪を免れる」こと。ヌサは「神に祈るときの捧げ物・罪やけがれを祓うための捧げ物」の意。

d̥iuad（叡）「さとい」
thieŋ（聖）「ひじり」＝ ヒジリ（聖）
leŋ（霊）「たましい」

　◆叡聖（エイセイ）は「知徳のとくに優れた人」の意。聖霊（セイレイ）は「死んだ聖人のみたま・天子の威力」などの意。ヒジリは「神聖な霊力を左右できる天皇・神通力のある仙人・優越した能力のある人・高徳の僧」などの意。d̥はヤ行半母音との対応がもっとも多いが，ハ行子音とも対応する。

bıuət（仏）「ほとけ」
thien（身）「からだ」＝ ホトケ（仏）
ɦeŋ（形）「かたち」

　◆仏身（ブッシン）は「仏陀の身」，身形（シンケイ）は「からだ」の意。ホトケは「仏像・仏の画像・釈迦如来・菩薩・解脱した人」などの意。

mıuag（武）「たけだけしい」
nien（人）「ひと・ひとびと」＝ モノノベ（物部）
buəg（部）「わける・区わけ」　モノノフ（物部・武士）

　◆武人（ブジン）は「侍・武士・粗暴な人」の意。モノノベは「大和朝廷で武具と刑罰の担当をした部民」の意で，物部氏はそれを統率する氏族であった。モノノフは「武人・武士」などの意。

buag（蒲）「がま」
tsʰăr（叉）「はさむ」　＝ ヲサ（訳語）

　◆蒲叉（ホサ）は「通訳」の意。ヲサはこれと同義。b，m，p などの唇音はワ行半母音と対応することがある。ちなみに，ヲサ（長）という語の起源は「勢力が盛んな人」を意味する雄長（ユウチョウ）である。

　私が弥生言語革命と呼ぶ日本語の大変革，つまり古代中国語から新たな日本語への進化のうねりが生じたのは紀元前 10 世紀のころです。そして，それから約 1500 年の歳月を経た飛鳥時代，奈良時代にまで，そのうねりは続いていたのです。

3　四対一対応の語形成

　四対一対応というのは中国語の 4 語と日本語の 1 語との対応です。私の調査では，70 例あまり見つかりました。その一部を下に並べてみましょう。1 つずつ見ていくと，おもしろいと思われるものが含まれているかもしれません。あるいは，不審に思われるものが含まれているかもしれません。

　なお，四対一の対応では中国語の語末子音に対応する音が日本語ですべて脱落するのが通例です。これを第 8 タイプの対応と呼びます。しかし下の最後の 4 つは第 9 タイプの対応例です。どういう音対応になっているか考えてみてください。

gıən（近）「ちかい」
dieg（地）「つち・大地」
baŋ（旁）「かたわら」　　＝ カタハラ（傍ら・側）
lıen（隣）「となり」
　◆近地（キンチ）は「附近」，旁隣（ボウリン）は「あたり・かたわら」などの意。
　　カタハラは「物の側面・すぐ脇」などの意。

kuāt（決）「きめる・きまる・かならず」
・ıəg（意）「こころ・おもい・おもう」　＝ カナラズ（必ず）
lŏg（料）「量をはかる・おしはかる」　　　カナラジ（必じ）
tək（得）「手に入れる・〜できる」
　◆決意（ケツイ）は「覚悟を決める・きっぱりした意地」の意。意料（イリョウ）は「推しはかる」，料得（リョウトク）も「推しはかる」こと。カナラズは「きっと」の意。カナラジはカナラズの交替形。喉音の・と n との対応は 29 ページを参照。

70

kʰər（開）「ひらく」
tʰiuən（春）「はる」
m̥ləg（来）「くる」　　＝ キサラギ（如月）
kăk（格）「つかえる」

　　◆開春（カイシュン）は「春になる・春のはじめのころ」，春来（シュンライ）
　　は「春になる・春からこのかた」，来格（ライカク）は「やって来る」の意。
　　キサラギは陰暦2月の称で，「春の到来」がその原義。m̥ləg の m̥l は m̥ が
　　消失して単子音化した。

kıak（脚）「あし」
・uan（腕）「うで」
pıuən（分）「わける」　　＝ クヒヒス／キビス／クビス（跟）
tset（節）「ふし」

　　◆脚腕（キャクワン）は「足首」の意。分節（ブンセツ）は「一連のものをいく
　　つかに分ける・いくつかに分けられたもの」の意。クヒヒスは「かかと・
　　くびす」の意で，キビス／クビスの古形・はしばしばハ行子音になる。

ḍiuar（随）「したがう」
siəm（心）「こころ・むね」
lıog（流）「ながれる」　　＝ サスラフ（流離ふ）
pʰiog（漂）「ただよう」

　　◆随心（ズイシン）は「気分にまかせる・思いどおりに」の意。流漂（リュウ
　　ヒョウ）は「流れ漂う・さすらい歩く」こと。

dag（途）「みち」
bŭŋ（逢）「あう」
tsog（遭）「あう」　　＝ タマサカ（遇・邂逅）
ŋıug（遇）「あう」

　　◆途逢（トホウ），逢遭（ホウソウ），遭遇（ソウグウ）は「思いかけず出あう」
　　こと。タマサカは「ばったり出あうさま・偶然」などの意。

fıuən（運）「めぐる・めぐらす」
duŋ（動）「うごく・うごかす」
lıer（履）「ふむ・約束をはたす」　　＝ ハタラク（働く）
fiăŋ（行）「おこなう・おこない」

　　◆運動（ウンドウ）は「活動する」，動履（ドウリ）は「挙動・動作」，履行（リ
　　コウ）は「ふみ行う・約束などを実行する」などの意。

・iet (一)「ひとつ・いち」
niet (日)「ひ・ひるま」
mɪuǎn (万)「まん・よろず」　＝ ヒネモス (終日)
sĭug (数)「かず・かぞえる」

　　◆万数 (バンスウ) は「万ほどに多い」こと。ヒネモスは「朝から晩まで・1
　　日中・日がな 1 日」の意。「1 日 1 万回ほど多く」がその原義であると考え
　　られる。・とハ行子音との対応は上記のクヒヒスなどと同じ。

bɪuǎn (繁)「しげる」
mog (茂)「しげる」
lɪəm (林)「はやし」　＝ヒモロキ／ヒボロキ (神籬・胙)
kʰɪuəg (丘)「おか」

　　◆繁茂 (ハンモ) は「草木が盛んにしげる」, 茂林 (モリン) は「樹木がこんも
　　りと茂った林」, 林丘 (リンキュウ) は「木の茂る丘」の意。ヒモロキ／ヒ
　　ボロキは「神の降下して来る所」のほかに「神の降下を待って供えるもの・
　　祭のときに神に奉納する供物」などの意を表したが, その原義は「樹木が
　　こんもりと茂った丘」であったと考えられる。従来の説では, ヒは「霊力」
　　の意で, モロ／ボロは「森・杜」の古形で, キは不詳とされる。

bɪar (皮)「動植物のかわ」
biad (幣)「ぬさ・供物の布」
ɦǎŋ (行)「おこなう・やる」　＝ マヒナフ (賄ふ)
xueg (賄)「まかなう・わいろ」

　　◆皮幣 (ヒヘイ) は「昔, 贈答品とした皮と帛 (きぬ)」のこと。行賄 (コウワイ)
　　は「贈物・贈物をする」の意。「わいろを贈る」という意味もあるが, これ
　　は日本語特有の意味。マヒナフは「贈物をする」こと。喉音の ɦ はいくつ
　　かの音と対応するが, ここではナ行子音と対応している。ナ行子音との
　　対応は喉音の・の方が顕著である。

muar (魔)「まもの・幻術」
pɪuǎp (法)「のり・やりかた」
leŋ (霊)「たま・たましい」　＝ マボロシ (幻)
tsɪəg (子)「こ・〜をする者」

　　◆魔法 (マホウ) は「人間わざではない不思議なことを起こさせる術・人を
　　しびれさせる幻法」の意。霊子 (レイシ) は「みこ (神子)・かんなぎ (巫・覡)」
　　の意。マボロシは「幻術を使う道士・魔法使い」が原義であり,「ないもの
　　があるように見えるもの・幻影」の意は派生義である。

mıuǎn（万）「まん・よろず」
pıuək（福）「さいわい・ふく」
lıed（利）「もうけ・もうける」
bian（便）「支障がないさま」

= マホロバ（真秀ろば）
マホラバ（真秀らば）
マホラマ（真秀らま）

　◆万福（マンプク）は「多幸」，福利（フクリ）は「幸福と利益」，利便（リベン）
　は「便利」の意。マホロバ，マホラバ，マホラマは「大和」を形容する言葉で，
　「幸せがあふれて裕福で便利である」こと。

biad（幣）「ぬさ・みてぐら」
dzəg（財）「たから・財物貨幣」
xıǎn（献）「ものをささげる」
ler（礼）「おくりもの・おじぎ」

= ミテグラ（幣・幣帛）

　◆幣財（ヘイザイ）は「贈り物」，財献は「貢物」，献礼（ケンレイ）は「供え物」
　の意。ミテグラは「絹布や貨幣や獣類や兵器などの神に献上する供物」の
　意。ミテグラはミテクラを経た形であろう。

thiəm（審）「つまびらかにする」
bıat（別）「わかれる・わける」
bıuɔ̌g（備）「そなえる・そなわる」
b̥lıuk（録）「しるす・かきしるす」

= ツバヒラカ（詳か・審か）
ツバヒラケシ（詳けし）

　◆審別（シンベツ）は「詳しく調べてはっきりと区別する」こと。備録（ビロ
　ク）は「詳しく記す」こと。ツバヒラカはツマビラカの古形で，「物事がは
　しからはしまで理解できるように明らかである」さま。ツバヒラケシは
　その形容詞形。b̥lıuk の b̥l は b̥ が消失して単子音化した。

dıug（柱）「はしら」
dhiak（石）「いし」
nen（年）「とし」
fiıuǎŋ（永）「ながい」

= トコシナヘ（永久）

　◆柱石（チュウセキ）は「柱の下に置く石・いしずえ」，年永（ネンエイ）は「永
　年・永い年月」の意。トコシナヘは「永遠・永久」の意。従来の説では「床
　石（トコシ）上（ヘ）」が「床石（トコシ）ナ上（ヘ）」に転じたものだという。
　「石の上」がなぜ「永久」になるのか。「永久」を象徴するのは「石」そのもの
　である。したがって，トコシナヘの原義は「柱の下の石のように長い年
　月」であったと見るのが自然である。トコシナヘのヘは fiıuǎŋ の fiıuǎ に
　対応している。

fɪɪam（炎）「あつい」
tset（節）「ふし」
thiəg（時）「とき・時節」　＝ ホトトギス（時鳥・杜鵑）
tög（鳥）「とり」

　　◆炎節（エンセツ）は「夏」，時鳥（ジチョウ）は「特定の時節に鳴く鳥」の意。
　　　ホトトギスは古来，夏の鳥として親しまれてきた渡り鳥。

ḑiag（夜）「よ・よる」
puan（半）「なかば」
tʰuŋ（通）「とおる」　＝ ヨモスガラ（夜もすがら）
kuar（過）「すぎる」

　　◆夜半（ヤハン）は「夜中・夜わ」の意。通過（ツウカ）は「ある地点や段階を
　　　通り過ぎる」こと。ヨモスガラは「夜通し」の意。ḑ はヤ行半母音との対
　　　応がいちばん多い。

　これらの和語の中には印象的な言葉がいくつかあります。マホ
ロバ（真穂ろば）はその 1 つです。「大和は真穂ろば」というあの
歌の文句は，マホロバがさながら「大和」の枕詞であるかのよう
な響きを与えます。キサラギ（如月）にも引きつけられます。そ
れにしても，この語はどのようにして月の名前を表すようになっ
たのでしょうか。

　次の章では冒頭でこのことにふれ，そのあとすぐに枕詞の謎解
きにかかりたいと思います。

第4章　枕詞の謎々を解く

　これは私の空想です。

　いまから千何百年か前のこと，月の名前を気のきいた和語に改めようという気運が高まりました。そこで恒例により，その筋の専門家である3人の博士が制作者として任命されました。博士たちは知恵をしぼって作った案を持ち寄りました。原案の1つにキサラギ（如月）という月名が入っていました。発案者がこれは「開春来格」すなわち「春の到来」を表す名だと説明すると，別の1人がこの名は枕詞みたいに謎めいているところが何とも心憎い，といって褒めたたえました。また別の1人が，肝心なことはわかりやすさではないから月の名はすべてこういう趣のあるものにするのがよかろうといって駄目を押しました。こうして月の名称は，ミナヅキ（水無月・六月）とシモツキ（霜月）を除いて，いろいろな語源解釈を呼ぶ名前になりました。

　肝心なことはわかりやすさではないから月の名は……。これは枕詞を制作することにも通じます。制作者の意図がすぐに露呈してしまう枕詞は駄作です。そんなものは枕詞に値しません。そこで，わざとわかりにくくします。そうすると，枕詞としての味わいが出るのです。しかしさじ加減を誤ると，語義不詳とか係り方不詳といったレッテルを貼られてしまうかもしれません。

　私がここで取りあげるのはそういう類の枕詞です。いい換える

と，先学が解を見つけられずにさじを投げた枕詞と，従来の解釈
がまちがっている枕詞と，枕詞でないものが枕詞とされてきた言
葉です。こういう枕詞は非常に多く見つかります。その中には，
よもやこの枕詞が……，と思われるようなものも含まれているで
しょう。

　それでは枕詞の謎解きにかかります。枕詞はその多くが漢語の
知識を駆使して作られた謎々であることを肝に銘じて。

1　枕詞に仕掛けられた謎々

　枕詞表現は修飾語と被修飾語とに分かれます。たとえば，「タ
ラチネノ（垂乳根の）母」は「タラチネノ」が修飾語で，「母」が被修
飾語です。本節で扱うのは，修飾語である枕詞の部分だけが問題
になる事例です。その中には，語義不詳とされている枕詞もあれ
ば，従来の解釈が正しくない枕詞もあります。

(1) タラチネノ〜母

　タラチネノが「母」に係る枕詞であることは非常に多くの人が
知っています。そして多くの人が，この枕詞は「乳房が垂れ下がっ
ている」という意味だと思っているようです。何だかフェミニス
トが問題にしてもよさそうな解釈ですが，私もずっと以前からそ
う思ってきました。そういう意味だと学校で教わったような気が
します。

　しかし辞書などを見ると，異なる解釈も載っています。『岩波
古語辞典』によると，タラチネのタラはタラス（垂らす）という
動詞の語幹で，チは「乳」で，ネは「女性」を意味するということ，
つまりタラチネの原義は「母乳を垂らす女」だというのです。な
るほど，と思います。こちらの方がまともな解釈でしょう。中国

語との間に観察される次の対応関係も，そのような解釈の正当性を裏付けています。

dhiuar (垂)「たれる・たらす」＝ タル (垂る)
tien (津)「しる・したたる液体」＝ チ (乳)，チ／ツ (血)
nɪag (女)「おんな」＝ ネ (女)

　しかし困ったことがあります。「母」に係る枕詞に別のよく似た形があるからです。「たらちしの母が目見ずておほほしくいづち向きてか我が別るらむ」(万887)におけるようなタラチシノという枕詞です。タラチシやタラチシヤという形もあります。ヤは間投助詞でしょうが，シの正体がわかりません。そこで，タラチネも含めて，これらの枕詞は語義不詳と見なされるが普通です。
　さてそれでは，私の解釈を下に示しましょう。

dhiuar (垂)「たれる・たらす」
log (老)「おいる・としより」＝ タラチネ (垂乳根)
tsʰien (親)「したしい・おや」
　◆垂老 (スイロウ) は「老年に近づく」，老親 (ロウシン) は「老いた親」の意。

dhiuar (垂)「たれる・たらす」
log (老)「おいる・としより」
tsʰien (親)「したしい・おや」　＝ タラチシ (たらちし)
tɪeg (知)「しる・しらせる」
　◆垂老 (スイロウ) は「老年に近づく」こと。老親 (ロウシン) は「老いた親」，親知 (シンチ) は「親しみ知りあっている人・友人・知人」の意。

　このように，タラチネは中国語の dhiua-lo-tsʰien に対応しています。また，タラチシは中国語の dhiua-lo-tsʰie-tɪe に対応しています。タラチネとタラチシがこのような対応を意識してつくられた枕詞であることは疑いを入れません。考案者は，表面的には「母

乳を垂らす女」あるいは「乳房が垂れた女」という意味を匂わせながら，その背後にこういう真意が隠されているのが理解できるかと問いかけているのです。

(2) アヂカヲシ〜値嘉

　アヂカヲシは，山上憶良が遣唐使として旅立つ人に贈った送別歌の中に現れます。歌の終わりの部分を引用してみましょう。

> 事終はり　帰らむ日には　また更に　大御神たち　船舳に
> 御手うち懸けて　墨縄を　延へるごとく　あぢかをし　値嘉の
> 崎より　大伴の　御津の浜辺に　直泊てて　御船は泊てむ
> 恙無く　幸く坐して　早帰りませ (万 894)

　これを訳すと，「仕事を終えて帰る日にはまた，大御神たちは船の御先に御手をかけて，墨縄を引いたように，(あぢかをし)値嘉の岬から大伴の浜辺にまっしぐらに帰港するでしょう。早くお帰りください」となります。アヂカヲシはアチカヲシという読み方をされることもありますが，一読しただけでは何のことだかさっぱりわかりません。何度読み返してもわかりません。そこで，先学たちはこれを語義不詳の枕詞としました。しかし考えてみれば，何のことかわからない言葉を枕詞と決めつけてしまうのはいささか軽率です。『岩波古語辞典』は，アヂカヲシを「意味不詳」としながらヲシを感動詞としています。

　私は答えを探し続けました。考えに考えた末に，ヲシは動詞の連用形で，終止形はヲスではあるまいかと推測しました。そしてヲスは，中国語との間に次の対応関係を有するヲス (食す) であるという結論に達しました。

bɪuǎn（飯）「めし・くう」
dɪək（食）「くう・たべもの」 ＝ ヲス（食す）

　　◆飯食（ハンショク）は「めし・めしを食べる」の意。ヲスは「召しあがる」
　　を意味する尊敬語。ヲスの語頭子音 w は bɪuǎn の b と対応している。中
　　国語の唇音は日本語の w の音としばしば対応する。

　ここまで来れば，あとはむずかしくありません。アヂカは食べ
物にきまっています。そして船の中で食べるのですから，それは
こういう食べ物でしょう。

・ak（悪）「わるい」
　dɪək（食）「たべもの」 ＝ アヂカ（あぢか）

　　◆悪食（アクショク）は「粗末な食事」の意。

　アヂカヲシは「粗末な食事を召しあがって」という意味です。
ここで2つの疑問が生じます。1つは，アヂカヲシが類音を利用
した枕詞かということです。憶良はそれを意識していたと私は思
います。もう1つは，この歌を贈呈された人物（多治比真人広成）
がこの謎めいた言葉を理解できたかということです。私は理解で
きたと想像します。翌月に中国に向けて旅立つ人ですから，中国
語の知識は相当にあったはずです。

　なお補足しておきますが，山上憶良は遣唐使として派遣された
経歴を有する，当代きっての知識人であったということです。

(3) イナノメノ〜明け

　イナノメノは，「相見らく飽き足らねどもいなのめの明けさり
にけり舟出せむ妻」（万2022）に見える枕詞です。これを訳すと，
「あなたを見ていることは飽き足らないけれども（いなのめの）明
けは去ってしまった。舟出しよう，妻よ」となります。妻と別れ

て旅に出ようとしている男の気持ちを詠んだ歌でしょうか。それとも，舟を出すのが遅れてしまった海人か水手の気持ちを詠んだ歌でしょうか。

　さて，イナノメは語義，係り方とも不詳というのが一般的のようです。しかし『岩波古語辞典』には，イナは「寝」に通じるので「寝の目開」の意か，とあります。また中西進はイナノメはシノノメと同じか，としています。また一方で，イナノメはシノノメとともに「東の窓」の意で，その窓が開くことが「シノノメの明け」だという説があります。

　このような意見に対して私はこう思います。イナノメにはどう考えても「東」という意味が含まれているとは思えないので，それが「東の窓」を表すという意見には賛成できません。はっきりいうと，論外です。一方，イナノメをシノノメと同じと見るのには半分賛成です。シノノメというのはもちろん，「夜明け・わずかに東の空が白むころ」を意味するシノノメ（東雲）のことです。半分賛成というのは，イナノメとシノノメの語源が同じだという点においてのみ賛成，ということです。このように全面的に同意できないのは，「寝の目開」という考えに対しても同じです。「目を開ける夜明けが来てしまった」という意味は素直に感じ取れますが，これは「イナノメノ明け」に込められた意味の一面にすぎません。

　イナノメに隠された意味を探すには，その語源を明らかにすることが先決です。私が考えるイナノメのイナとメの語源は次のとおりです。

ḍiaŋ（陽）「ひ・太陽」＝ イナ（いな），シノ（しの）
　◆イナは ḍiaŋ の ḍ に対応する音を欠いた形。イナのナ，シノのノは ḍiaŋ の ŋ に対応。

80

mɪuk（目）「め・めじるし」＝メ／マ（目），メ（芽）
　◆メは mɪuk の k に対応する語末音を欠いた形。

　イナノメのイナとシノノメのシノはともに「太陽」のことです。日の出前，東の空が赤みを帯びてきます。日の出が近づくと，日の出るあたりがひときわ赤くなります。そして日の出の瞬間，太陽のてっぺんが赤い粒のように見えます。これがイナノメとシノノメのメ（目・芽）です。そこで，イナノメとシノノメの原義は「日の目」ということになります。「日の目を見る」という表現がありますが，その「日の目」と同じです。

　ところで，日の出は水平線に見るのがいちばんです。そして，水平線に雲が少しだけあると最高です。雲が赤く染まるからです。シノノメに「東雲」という字を当てたのは，その雲がすばらしく美しいからでしょう。

　話はこれで終わりません。大事な話が残っています。上でḑiaŋ がイナ，シノになったといいましたが，このことをもう少し掘り下げてみようと思います。

　ḑiaŋ の ḑ はわかりやすくいえば d が弱まった音です。中国語ではその多くが y の音に変わりました。日本語でも ḑ はワ行半母音といわれる y の音と対応するのがいちばん普通です。しかし日本語にはヤ（ya）・ユ（yu）・ヨ（yo）はありますが，yi の音はありません。そこで，ḑiaŋ は ḑ に対応する音が脱落してイナになっているわけです。

　問題はシノノメのシノの方です。diaŋ は容易にシノになりえますが，ḑiaŋ はシノになりにくいはずです。そこで diaŋ という本来の発音が残っていて，それがシノになった可能性が大いにあります。たとえば，古代中国語の ḑiag（斜）「ななめ・さか」が日本語のサカ（坂）と対応するのはそういう事例だと思います。あ

るいは，シノは中国語に直接由来する語ではないのかもしれません。その可能性も十分にあります。というのも，下に示すようにシノ，イナと同源とおぼしき語が別の言語に見つかるからです。

琉球語：sina「太陽」
ウイルタ語：suunə「光・日光」，inəŋi「日・昼間」
インド・ヨーロッパ祖語：su(ə)en-／sun-「太陽」

　シノノメ（東雲）のシノは縄文語以来の言葉である可能性があります。しかし仮にそうだとしても，シノはイナノメのイナと究極的には同源であるといえるでしょう。

(4) シナテル〜片足羽川, 片岡山

　シナテルはカタ（片）に係る枕詞です。「しなてる片足羽川のさ丹塗りの大橋の上ゆ紅の赤裳裾引き山藍もち摺れる衣着ててただひとりい渡らす児は若草の夫かあるらむ……」（万1742）では，シナテルが「片足羽川」につながっています。また「しなてる片岡山に飯に飢て臥せるその旅人あはれ……」（古事記，歌謡104）では，シナテルが「片岡山」につながっています。シナテルとカタ（片）はいったいどういう意味を秘めた言葉なのでしょう。これらの語の間に何か共通の意味があるのでしょうか。

　ここで，シナテルとカタシハについて吉田金彦（1997）が論じていることを引用します。

　　しかし，シナテルは，私が第一章の「シナ立つ」で述べたシナと同義語で，階段のシナではなく「磯な」の意のシナである。竜田山を越えて大和から摂津に向う。その大和川の河

82

畔を指示したことばがシナ（磯な）だ，と思う。(p.245)

『柏原市史』によると，片足羽川は広義にいって大和川の古名であるとしている（第二巻，昭和四七年）。そして市名のカシハラ（柏原）も，同地にある地名，カタシモ（堅下）やカタカミ（堅上）も，万葉のカタシハ（片足羽）につながっており，片足羽の名はカタシハ（堅磐・堅石）の義であるとしている（『柏原町史』昭和三〇年）。

　土地の発音がカタシハであるのを尊重して，いまその語を分析してみると，カタ（片）は川沿いの低地を意味する方言アクト，その略形であるクト，その変形がカタ（低地）であろう。シハ（足羽）はシ - イハ（磯岩）の変形のように思われる。(pp.246-47)

この説明に従えば，シナテルは「河畔に日が照る」という意味であり，カタシハは「低地の磯の岩」ということになりますが，こういう意味の組み合わせが枕詞の表現になりえるでしょうか。仮に詠み手がこういう意味を歌に込めても，読み手の側にそれが通じるとは思いません。読み手に奥の意味を考えさせて，それにはっと気づかせる。そうなるように言葉をつらねるのが枕詞を制作するうえでの基本です。

　さて，先学に対する批判はやめにして，私の解釈を紹介しましょう。まずはじめに，カタヲカヤマ（方岡山）のカタとカタシハガハ（片足羽川）のカタシハの成り立ちを示します。

kʰiuen（傾）「かたむく」＿　カタ（片）
duər（頽）「くずれる」　＝　クヅル（崩る）
◆傾頽（ケイタイ）は「崩れる」こと。カタは第 1 タイプの対応例で，「土砂が崩落すること・土砂崩れ」の意。クヅルは第 2 タイプの対応例。

kʰiuen (傾)「かたむく」
duər (頹)「くずれる」
sək (塞)「ふさぐ・ふさがる」　＝ カタシハ (片足羽)
per (閉)「とじる・とざす」
　　◆傾頹 (ケイタイ) は「崩れる」, 頹塞 (タイソク) は「崩れて塞がる」, 塞閉 (ソ
　　クヘイ) は「塞がる」こと。カタシハは第8タイプの対応例で,「土砂崩れ
　　によって河川が塞き止められること」の意。

　　カタが付いたり, カツ, カチ, クヅなどが付いたりする地名は
いろいろとありますが, そういう所はかつて崩落地であった可能
性があります。たとえば片山津 (石川県), 片瀬海岸 (神奈川県),
勝浦 (和歌山県), 勝山 (福井県), 九度山 (和歌山県), 九頭竜川 (福
井県), 勝川(かちがわ) (愛知県) などです。なお, 福井県にカタシハガワ (片
足羽川) を彷彿させるアシハガワ (足羽川) という名の大きな川が
あります。このアシハの起源は「足場」であるとか「足岩」である
といった説を見受けますが, 私はこの語の成り立ちを次のように
考えます。

・at (遏)「さえぎる」
sək (塞)「ふさぐ」　＝ アシハ (足羽)
per (閉)「とじる」
　　◆遏塞 (アッソク) と塞閉 (ソクヘイ) はいずれも「塞ぐ・塞がる」こと。

　　さて次に, 枕詞のシナテルの意味を考えてみましょう。シナテ
ルは, 表面的には「太陽が照る」あるいは「日が斜めに射す」とい
う意味を表しています。というよりも, まっ先にこういう意味が
思い浮かぶといった方がよいでしょう。そして作者はこういうふ
うに理解されることを見越したうえで, シナテルに崩落地を形容
するのにふさわしい意味を付与しているはずです。それはこうい
う意味にちがいありません。

84

sïuər（衰）「おとろえる」
nen（年）「とし・よわい」
duər（頹）「くずれる」　　　＝ シナテル（しなてる）
lɪəŋ（陵）「山の背すじ」

◆衰年（スイネン）は「年をとって衰えた時期・老年」の意。年頹（ネンタイ）
は「年をとって崩れ衰える」，頹陵（タイリョウ）は「しだいに崩れ衰える・
肉が落ちて筋張った体になる」こと。シナテルは第8タイプの対応例で，
「老年になって崩れ衰える」こと。

　作者は手の込んだややこしいことをやっています。これはシナ
テルにかぎったことではありません。こういう謎々が解ける読み
手は少なかったと思います。しかしそれでよかったのでしょう。
枕詞の本当の意味がわからないのは読み手の能力の問題だと見な
されたはずですから。

(5) オシテル〜難波

　「おしてる難波の崎の並び浜並べむとこそその子は有りけめ」
（日本書紀，歌謡48）という有名な歌があります。これは仁徳天
皇が八田皇女を召そうとして皇后である磐之媛に許しを乞うてい
る歌です。皇后に反対されますが，仁徳は諦めません。皇后が熊
野岬行幸の留守をしている間に八田皇女を召し入れてしまいます。
これを難波済で知られた皇后は激怒して，土産（祝宴で使う柏
の葉）を海に投げ捨ててしまいます。そして難波宮には戻りませ
んでした。

　オシテルはナニハ（難波）という地名に係る枕詞として古墳時
代の5世紀に作られたものです。その原義は早くに忘れられて
いたようです。『岩波古語辞典』は「オシは上から力を一面に及ぼ
す意」としたうえで，「大和から難波へ山を越えるとき，大阪湾の
海上一面に光が照りつけているところから」難波に係るとしてい

ますが，これがオシテルの原義であるとは思われません。「光が押しつけるように照らす」というのは原義が忘れられたあとに生まれた意味だと見るのが自然です。

　オシテルの原義を探す前に，ナニハという地名の成り立ちを考えてみましょう。これがオシテルの原義を突きとめる手掛かりになるかもしれません。ナニハの起源はナミハヤ（波速）とかナミニハ（魚庭）とかの説がありますが，私にいわせれば，これらはどれも説得力に欠ける安易な語源説です。私が考えるナニハの語源は次のとおりです。

nıug（濡）「ぬれる・ぬらす」
niuen（潤）「うるおう・うるおす」＝ ナニハ（難波）
・ɜp（浥）「うるおう・うるおす」
　◆濡潤（ジュジュン）と潤浥（ジュンユウ）はいずれも「潤う・濡れる」こと。

　ナニハは「波に潤う」という意味あいの地名です。枕詞のオシテルはこういう地名に似つかわしい意味を表したはずです。そこで，オシテルのオシはイソ（磯）の交替形で上代東国方言といわれるオシ（磯），あの有名な忍野八海のオシ（忍）と同じだと見当をつけました。であれば，テルは何だろう，テルはテル（照る）だろうか。「磯に日が照る」，これが「波に潤う」とマッチするだろうか。明らかにミスマッチです。だから，テルはテル（照る）ではありえません。しかし，それが何を意味しているのかすぐには思いつきません。

　こうしてあれやこれやの可能性を追究して，やっと答えを見つけました。テルの意味は「したたる」です。そして，オシテルは「磯に雫がしたたる」という意味，いい換えれば，「磯に波しぶきが飛び散る」という意味を表しています。このことは，次の対応関係

から裏付けることができます。

bien（瀕）「みぎわ」
thiuðr（水）「みず」
tek（滴）「したたる」　＝ オシテル（おしてる）
lek（瀝）「したたる」

　　◆瀕水（ヒンスイ）は「水に沿った所・浜辺」の意で，イソ／オシ（磯）と同源。
　　イソ／オシは bien の b に対応する語頭子音を失っている。ヲシドリのヲ
　　シ（鴛鴦）もこれと同源だが，ヲシは b の音が w の音になっている。水滴（ス
　　イテキ）は「水のしたたり」，滴瀝（テキレキ）は「雫がしたたる」の意。

　オシテルの原義は忘れられました。万葉集に見えるオシテルは
いずれも「押し照る」という意味でしょう。

　ところで，地名や氏名にオシタリやオシダリを見かけますが，
その語源はオシテルと同じにちがいありません。それが地名で
あったら，それは水辺の地名のはずです。またそれが氏名であれ
ば，その氏名をもつ人の祖先は水辺の住人であった可能性が高い
といえます。

(6) ツノサハフ〜盤，石

　仁徳天皇のスキャンダルには続きがあります。天皇は盤之媛皇
后の留守を狙って八田皇女を妻として召し入れたのですが，皇后
はこれを恨んで生まれ故郷の葛城に行ってしまいました。天皇は
皇后が恋しくて呼び戻そうとします。使いの者が雨に濡れながら
土下座していくら頼んでも，絶対に難波には戻らないといい張り
ます。

　そこで天皇はみずから皇后に会いに行きます。難波から舟で淀
川を溯って山背の国に入ります。そして山背川（木津川）で，水
に流れて来た桑の小枝を見て次の歌を詠みます。「つのさはふ磐
之媛がおほろかに聞さぬ末桑の木寄るましじき河の隅々寄ろひ行

くかも末桑の木」(日本書紀，歌謡 56)

　吉田金彦(1998)は，ツノサハフという枕詞の埋もれた原義は「津また津の障りを経つつ行く」であるとしたうえで，この歌を次のように訳しています。「津また津と障碍を経てやって行く磐の媛はとても厳しくおおらかには聞き入れてくれない心の堅い女。折も折，桑の末が流れてきた。あなたはもう立ち寄らないだろうが，木津川の曲り角ごとに，私はさ迷い行くことだなあ。ああ桑の末枝よ」。

　率直にいって，ツノサハフをこのように「津また津と障碍を経てやって行く」と解釈することには賛成できません。ツノサハフをこういう意味だとする確固たる言語学的証拠が欠けています。仮にそういう意味だとしても，それとイハ(盤)との接点がはっきりしません。

　私が納得できないのは，ほかの説に関しても同じです。角で盤をこする習性が鹿にあるからツノサハフは「角サハフ」だという説がありますが，盤にこすりつけると角がどうかなるのでしょうか。また，角でこするといっても盤だけをこするわけではないでしょう。

　ツノはツナ(綱)の母音交替形で「蔦」を表し，ツノサハフは「蔦が多く這う」の意だという説もあります。ツノがツナの母音交替形だというのには異論はありませんが，それが「蔦」を表すというのは飛躍があるように思われます。

　次は私の解釈を示す番です。まずはじめに，キーワードであるツノとサハフとイハの語源を明らかにします。

diəŋ (縄)「なわ」＝ ツナ／ツノ (綱)
　◆中国の ŋ はしばしば日本語で n の音になる。

tiaŋ（障）「さわる・さえぎる」

ɦad（害）「そこなう・じゃまする」＝ サハフ（障ふ）

・ak（悪）「わるい・そまつな」

> ◆障害（ショウガイ）は「邪魔する」こと。害悪（ガイアク）は「他人に損害を与える悪いこと」の意。サハフは第5タイプの対応例で，「邪魔する」こと。サハフのハとフは ɦad の ɦa と・ak の・a に対応している。

dhiak（石）「いし」
ŋăm（巖）「いわ」
＝
イハ（石・岩・盤）
イハホ（巖）

> ◆石巖（セキガン）は「いわお・岩石」の意。イハは第1タイプの対応例で，dhiak の dh に対応する語頭子音を失っている。イハホは第2タイプの対応例。イハホのハとホは ŋăm の ŋă と m に対応。なお，イハホのホは稲のホのように「突き出て目立つもの」という従来の説は不適切である。

　私が考える「ツノサハフ盤」は「綱を邪魔する盤」という意味です。作者がこの言葉を使ってどういうことをいおうとしているかについて下で説明します。

　だいぶん前のことになりますが，島根県にある足立美術館を訪れたことがあります。そこは日本庭園で有名な所ですが，私はそれよりも1枚の絵に引きつけられました。曳船の絵です。むきだしの巨大な岩盤の上で1人の船頭が満身の力を込めて船を曳いている姿が描かれています。この絵を見て，私はツノサハフの謎が解けたと直感しました。

　「船頭をゆくかや富士川下り，唄で流すよ十八里」,「下り舟みて船頭にほれて，上り舟見ていやになった」という唄からも想像されるように，川を溯るときの曳船は過酷な労働でした。河原は小石の多い所ですが，みぎわに盤があろうものならそれこそ大変です。盤が邪魔して曳船の縄を容易に操れないからです。川舟に乗って山背川を溯っている仁徳天皇は曳船をしている船頭たちを見ながらこの歌を詠んでいるのです。そこで，「ツノサハフ盤」には「川辺の盤は曳船の綱を邪魔する厄介ものだ」という意味が込

められていたと見るのが自然です。もちろん，それと一緒に「恋しい盤之媛を操るのも厄介なことだ」という苛立ちの気持ちも込められていたと見なければなりません。

　「ツノサハフ盤之媛」の歌は，仁徳天皇がわが身を水に漂う桑の小枝に重ねながら，自分から離れて行く盤之媛をとり戻そうにもそれが思いどおりにいかないやるせなさを詠んだものです。万葉歌人たちは，「ツノサハフ盤之媛」に込められた本当の意味を理解せぬままに，ツノサハフをただ機械的にイハ（石・盤）に係る枕詞として使っています。そのような万葉歌をいくら解析してみてもツノサハフの原義はわかりません。

　ところで，逃げる盤之媛皇后を追って葛城に着いた天皇は皇后を筒城宮に呼んで説得を試みますが，皇后は難波に帰るのを断固として拒絶しました。そして難波宮には帰らぬまま，別居してから5年後にこの世を去りました。記紀の伝えるところによれば，盤之媛の凄まじい嫉妬によって罪のない幾人もの人たちが暗殺されたり処刑されたりしています。いちばん気の毒なのはそういう人たちです。

(7) ツギネフ〜山背

　地名のヤマシロ（山背）に係るツギネフ（つぎねふ）という枕詞があります。この枕詞は，仁徳天皇に追っかけられた盤之媛皇后が逃げる途中で詠んだ歌に現れます。

　つぎねふ山背河を河泝り我が泝れば河隈に立ち栄ゆる百足らず八十葉の木は大君ろかも（日本書紀，歌謡53）
　つぎねふ山背河を宮泝れば青丹よし奈良を過ぎ小楯倭を過ぎ我が見が欲し国は葛城高宮我家の辺り（日本書紀，歌謡54）

　この歌から，盤之媛の心がすっかり生まれ故郷の葛城に傾いているのがわかります。難波宮にはもう戻るまいと覚悟を決めているようです。そのことはさておいて，ツギネフとはいったいどういう意味なのでしょう。これとヤマシロという地名との間にどういう接点があるのでしょうか。

　ツギネフは語義も係り方も不詳であるという意見がある一方で，それは「多くの続いた嶺を経る」意だとする説があります。たしかに，「嶺」を意味するネ（嶺）という言葉がありますから，そういう解釈があっても不思議ではありません。それにしても，フが「経る」を意味するなら連体形のフル（経る）になるのが自然です。このような文法的過ちを盤之媛はおかさないという前提に立ってこの語の起源を探らねばなりません。

　そういう私もツギネフの成り立ちが長らくわかりませんでしたが，ある日突然，答えがむこうからやって来ました。それを下に示します。

tıon（中）「なか・まんなか」
gıər（畿）「都の近隣の領地」
nuəb（内）「うち・うちがわ」　＝ ツギネフ（つぎねふ）
buəg（部）「わける・区分け」
　◆中畿（チュウキ）は「都を中心とする王の直轄地」の意。畿内（キナイ）は「都を中心として 500 里以内の天子直轄の地」の意。ツギネフは tıo-gıə-nuə-buə に対応する。

　答えがむこうからやって来たというのは，ある興味から畿内についての論考を読んでいたとき，これとツギネフの関係に気づいたということです。なお歴史の解説書によりますと，畿内というのは山城（京都府），大和（奈良県），河内（大阪府），和泉（大阪府），

摂津（大阪府と兵庫県の一部）の5か国のことですが，大化の改新のころまでは大倭，摂津，河内，山背の4か国であったということです。

　こういうと，ツギネフは山背以外の地名の枕詞になぜならなかったのかと不審に思われるでしょう。これには次の理由があったと考えられます。ツギネフはヤマシロ（山背）に係る枕詞として盤之媛がはじめて使ったようですが，その本当の意味が一部の人にしか理解されませんでした。その結果，ほかの多くの枕詞と同様に，ただヤマシロに係る枕詞として固定化されてしまったのだと思います。

　それにしても，ツギネフという枕詞を考案した盤之媛は立派です。仁徳天皇から逃れる旅先で即興的に作ったものではなく，おそらく以前から用意していたものであろうと推測されますが，これは並の歌人にできることではありません。

(8) トブトリノ〜明日香

　トブトリノは語義不詳ということで意見が一致しています。

　私はこの枕詞をまちがえて解釈していました。アスカ（明日香）の語源もまちがえて，次のように考えていました。

・ɪam（淹）「ひたす・おおう」＝ アスカ（明日香）
dzieg（漬）「ひたす・つける」
　　◆淹漬（エンセキ）は「水に漬かる・水に漬ける・水浸し」の意。アスカは
　　・ɪa-dzieg に対応している。

　アスカと呼ばれた地はあの有名な飛鳥川のほとりにありました。そこに行ってみて，飛鳥川が小さな川であることに驚きました。しかし昔，大雨が降ったときの飛鳥川は高取山からの水が溢れか

えったということです。そこで，アスカの語源は「水浸しになる
冠水地」だと考えたのです。

　一方，トブトリノという枕詞の成り立ちは大和盆地の片隅にあ
る水辺の片田舎を形容する言葉として次のように考えました。

thiuər（水）「みず」
pān（辺）「へり・ふち」＝ トブトリ（とぶとり）
dhiuar（陲）「ほとり」
　◆水辺（スイヘン）は「水べ」，辺陲（ヘンスイ）は「国土の果て・辺境」の意。
　　トブトリは thiuə-pā-dhiuar に対応している。

　こういう想定に疑問を感じたのはしばらく時が経ってからです。
辺鄙な片田舎の地名が枕詞の対象となるのは，それが枕詞の制作
に利用できると思った場合です。どこにあるとも知れない田舎を
わざわざ探して，それにふさわしい枕詞を作ってやろうなどとは
誰も思いません。トブトリノは明日香に都が置かれるようになっ
てから生まれたと見るのが自然でしょう。

　そう考えて，トブトリノの起源を別の所に求めようとしました。
明日香の特徴は何か，その景観はどうだったのかを想像してみま
した。目に浮かぶのは高殿や塔です。これが古墳時代の都には見
られなかった明日香独特の景観だと思いました。トブトリノはこ
れを描写した枕詞にちがいない。そう思って，この枕詞の成り立
ちを次のように考えました。

thiuər（水）「みず」
pān（辺）「へり・ふち」
thiuər（水）「みず」　＝ トブトリ（とぶとり）
lug（楼）「たかどの」
　◆水辺（スイヘン）は「水べ」，水楼（スイロウ）は「水べの楼閣」の意。トブ
　　トリは thiuə-pā-thiuə-lu に対応している。なお，トブトリは明日香にあっ
　　た水漏（スイロウ），すなわち水時計をも彷彿させる。

　飛鳥川のほとりのあちこちに高層の建物がいくつも建てられました。これらは渡来人の建築技術を用いたものであり，人々はその大きさと高さに目を見張りました。これこそがトブトリノという枕詞が描く景色です。

　なお，アスカという地名の語源に関しては193ページを参照してください。

(9) フユゴモリ〜春，時じき時

　フユゴモリがハル（春）という語に係るちょっと奇妙な表現があります。「冬ごもり春さり来れば鳴かざりし鳥も来鳴きぬ咲かざりし花も咲けれど……」(万16)

　このフユゴモリについて，「冬が去ることをコモルと言ったか」という注釈があります。舌足らずで注釈が要るような注釈です。一方，中西進はコモルを「すっかり蔽われること」だといっていますが，この意味がわかりません。また中西は，別の所でフユゴモリを「冬が隠って」の意だとしています。この解釈はよく理解できます。わかりやすくいうと，フユゴモリは「冬が冬ごもりをして」という意味，別のいい方をすると「冬が春ごもりをして」ということです。こう考えれば，フユゴモリが「春」に係ることを素直に理解できます。

　しかし困ったことがあります。フユゴモリがトキジキトキ（時じき時）という見なれない言葉に係る怪しげな例が存在するからです。その表現を含む歌を下に引用してみましょう。

　　　鶏が鳴く　東の国に　高山は　さはにあれども　二神の　貴き山
　　　の　並み立ちの　見がほし山と　神代より　人の言ひ継ぎ
　　　国見する　筑波の山を　冬ごもり　時じき時と　見ずて行かば

　益して恋しみ　雪消する　山道すらを　なづみぞ我が来る
　（万382）

　これをざっと訳すと、「東国に高い山は多くあるけれども、峰
が2つ並んだ姿を見たい山だと神世の昔から人が言い伝えてきて
いる国見する筑波山を、（冬ごもり）まだその時節ではないと思っ
て、見ないで行ってしまったら、これまでにも増して恋しく思
うので、雪解けの山道なのに苦労して私は登って来た」となりま
す。ここで何が問題かといえば、フユゴモリを「冬が去って」と
解すると、「その時節ではない」を意味すると考えられるトキジキ
トキとそれがつながらないことです。「冬が去っていないからま
だ山に登る時節ではないと思って」というのはわかりますが、「冬
が去ってまだ山に登る時節ではないと思って」というのは意味不
明です。フユゴモリとトキジキトキのいずれか、あるいはその両
方の解釈が正しくないのです。そこで、この部分を不詳としてい
る注釈書もあれば、何もいわずにお茶を濁したような訳を施して
いる注釈書もあります。
　ここで2つの言葉の本当の意味を探らねばなりませんが、最初
にトキジキトキの語源を明らかにします。この語はトキジ（時じ）
という形容詞の連体形トキジキにトキ（時）が付いた形です。そ
して終止形トキジの語源を私は次のように考えます。

dhiəg（時）「とき・そのこと」
kɪər（機）「きざし・おり」　＝トキジ（時じ）
dɪɔg（兆）「前ぶれ・きざし」
　◆時機（ジキ）は「よい機会」、機兆（キチョウ）は「前ぶれ・きざし」の意。
　　トキジは「よい機会が訪れる前兆」がその原義である。

　トキジはもともと形容詞ではなかったはずです。というのも、

語末がシではなくジになっているからです。語末にジが付く形容
詞としてほかに，同状（ドウジョウ）と同源のオナジ（同じ），凄
惨（セイサン）と惨状（サンジョウ）が結合してできたスサマジ（す
さまじ）という語があります。

　トキジは形容詞として本来は「よい前兆の・さいさきがよい・
縁起がよい」という意味を表したはずですが，それが「何かを予
兆する・何の前ぶれかわからない」となり，さらに「この時期に
どうしてこうなるかわからない・時節にあわない・季節はずれの」
といった具合に意味が変化したと考えられます。「我がやどの時
じき藤のめづらしく今も見てしか妹が笑まひを」（万 1627）に見
られる「時じき藤」はまさに「季節はずれの藤」のことです。そこ
で，いま問題にしているトキジキトキ（時じき時）も「季節はずれ
の時」，いわば「シーズンオフ」を意味すると見てよいでしょう。

　では，フユゴモリは正確に何なのでしょう。問題の核心はこの
語にありそうです。フユゴモリのフユは「冬」であるとして，コ
モリの語源を私は次のように考えます。

kʰɪug（区）「くぎる・くぎり」
pɪuən（分）「わける・わかつ」＝ コモリ（こもり）
lɪar（離）「はなれる・はなす」
　◆区分（クブン）は「分ける・分類」の意で，「分ける」を意味するクマル（分る）
　　と同源。分離（ブンリ）は「分かれて別々になる・分けて別々にする」こと。
　　コモリは「分かれ目・境い目」の意。

　このようにコモリが「分かれ目・境い目」を表すとしたら，フ
ユゴモリは「冬の分かれ目」，いい換えれば「冬と春との分かれ目」
のことです。さらに砕いていえば，「初春」や「浅春」ということに
なります。

　こうして，「冬ごもり時じ時と」は「冬と春との境い目で，まだ

その時節ではないと思って」という意味を表しているといえます。
「冬ごもり春さり来れば鳴かざりし鳥も来鳴きぬ」も「冬も終わり
初春の季節になると鳴かなかった鳥もやって来て鳴く」といった
意味あいです。

(10) ヤスミシシ～わが大君

柿本人麻呂が詠んだ次の歌には7つの枕詞が散りばめられてい
ますが，検討を要する枕詞はヤスミシシ（やすみしし），コモリ
クノ（隠国の），サカドリノ（坂鳥の），タマカギル（玉かぎる）の
4つです。ここではまず，歌の冒頭にあるヤスミシシを取りあげ
ます。

> やすみしし　わが大君　高照らす　日の皇子　神ながら　神さび
> せすと　太敷かす　京を置きて　こもりくの　泊瀬の山は
> 真木立つ　荒き山道を　岩が根　禁樹押しなべ　坂鳥の　朝越
> えまして　玉かぎる　夕さり来れば　み雪降る　安騎の大野に
> はたすすき　小竹を押しなべ　草枕　旅宿りせず　古思ひて
> （万45）

この歌の意味はこういうことです。ヤスミシシの意味を的確に
とらえている中西進の訳を載せます。「あまねく国土をお治めに
なるわが大君，高く輝く日の御子。皇子はさながらの神として神々
しくおられて，りっぱに君臨なさる京を後に，隠り国の泊瀬の山
の真木繁る荒しい山道を，けわしい岩石や邪魔な樹木をおしわけ
ては坂鳥の鳴く払暁にお越えになり，玉のほのかに輝くような黄
昏が訪れると，み雪のちらつく安騎の大野に穂すすきや小竹をお
しふせて，草を枕の旅やどりをなさる。懐旧の情の中で」。

　ヤスミシシはそれを語義不詳とする考えがある一方で，原典で
「八隅知之」となっているから「国の隅々をお治めになる」という
意味だとする説があります。私もそういう意味を表していると思
いますが，ヤスミシシのシシはシル（知る）に尊敬を表す助動詞
ス（す）の連用形が付いた形ではありません。文法的に見て，こ
ういう解釈は不可能です。だから，語義不詳という意見が出るの
です。私はシシをシスの連用形と見たうえで，シスは次の中国語
を下敷きにした人麻呂の造語だと考えます。

tiaŋ（掌）「手のひら・つかさどる」
　　　　　　　　　　　　　　　　　　＝ シス（しす）
tıoŋ（手）「て・てにする・てもて」
　◆掌手（ショウシュ）は「手のひらの中・自分のものとして思いどおりにす
　　る」の意。

　ヤスミシシの話はこれだけにします。ちょっと横道にそれて，
上の歌にも出てくる「神ながら」という言葉の正確な意味を指摘
しておきたいと思います。「神ながら」は「神」に連体助詞のナと「素
性・品格・性質」を表すカラが付いた形であり，「神の性質として・
神であるままに・神のみ心のままに」という意味を表すといわれ
ますが，この解釈はまちがっています。ナガラは次のような起源
を有する形態です。

ḍiəg（似）「にる・〜ようだ」
　　　　　　　　　　　　　　＝ ナガラ（ながら）
lıuəd（類）「たぐい・なかま」
　◆似類（ジルイ）は「似かよっている・紛らわしい」こと。ナガラは第 3 タ
　　イプの対応例で，「〜のように」を意味する接続助詞。ナガラのナは ḍiəg
　　の ḍiə に対応している。ḍ と n の対応は 29 ページを参照。

　要するに，「神ながら」は「神のように・神のごとく」という意味

を表しています。そこで,「神ながら神さびせすと」は「神のように神に似たことをなさらんとして」という同語反復的な意味を表していることになります。

(11) コモリクノ〜泊瀬(はつせ)

犬養孝 (2003) は泊瀬についてこう語っています。「大和の中央平野部 (国中)(くんなか) からひっこんで,三方を山にかこまれた渓谷は,文化からも隔絶され,異色のある古風な相聞歌が多くのこされ,いっぽう古代の埋葬地でもあって,土民にはよきやすらぎの別天地であり,国中の人々や,伊勢東国往還の旅の人には,エキゾチシズムの心情をそそられたらしく,「こもりくの」の枕詞には,そのたたえ心が宿されているようである」。(p.26)

泊瀬はこういう国の外れの谷間でした。そしてハツセという地名にはそれに似つかわしい響きが漂っています。私の考えるハツセの語源を示してみましょう。

pān (辺)「へり・ふち」
dieg (地)「つち・大地」　　　= ハツセ (泊瀬)
tsiad (際)「きわ・さかいめ」
　◆辺地 (ヘンチ) は「辺境の地」,地際 (チサイ) は「地の果て」の意。

では,ハツセに係るコモリクノはどういう意味でしょう。「山間のこもった所」と見るのが一致した解釈のようです。私も,そういう意味だろうと思います。そういう意味だと断言できないのは,コモリクがどういう構成の語であるかわからないからです。コモリエ (隠り江) という言葉はコモル (籠る・隠る) という動詞の名詞形コモリ (籠り・隠り) にエ (江) が付いた形であることはすぐわかりますが,コモリクは同じコモリにクが付いた形でしょ

うか。コモリクのクはイヅク（何処）のクと同じだといわれますが，イヅクは中国語の ɦɪar（何）-sïag（所）の語末の g に対応する形態です。これがイヅクから飛び出して，コモリと結合するとは考えられません。また，コモリにリク（陸）が付いたコモリリクがコモリクにつづまった形だという考えも浮かびますが，コモリは和語であり，リクは漢語です。いくら何でも，こんな結合はおかしいでしょう。

　発想を変えて，いままでのように中国語との対応を考えた方がよさそうです。こういうわけで，コモリクの起源を私は次のように考えました。

ŋɪăm（厳）「きびしい」
lɪok（陸）「おか・くが」＝ コモリク（隠口）
　◆厳陸（ゲンリク）は「険しい陸地」の意。

ɦɪuən（筠）「たけ」
luŋ（籠）「かご」＝ コモリク（隠口）
　◆筠籠（インロウ）は「まるい竹かご」の意。ɦ と k の音との対応は頻繁に，n と m の音との対応はしばしば観察される。

　コモリクという枕詞はハツセ（泊瀬）に係る枕詞として非常によく使われました。この言葉を考案したのが誰か知りませんが，その原義は上記のいずれか，あるいはその両方だったと私は考えています。

(12) サカドリノ〜朝越ゆ

　サカドリノという枕詞は，ヤスミシシの所で示した柿本人麻呂の歌に 1 度だけ現れます。だから，それが「朝越ゆ」に係っているのか，「朝」に係っているのかすぐにはわかりません。
　「サカドリノ朝越ゆ」は「朝，鳥が坂を越えて飛ぶ意か」と考え

る向きがあります。サカドリが「坂鳥」と表記されているからそう見るのでしょうが，坂を越える鳥をサカドリということはないでしょう。そんな芸のない枕詞は誰も作りません。

　中西進はサカドリを「冠鳥（ときか）で鶏のこと」だとしています。サカドリが「鶏」の意であれば，「朝」との相性はぴったりです。それにしても，サカがどうして「冠（ときか）」になるのかわかりません。

　私は中国語に斜雁（シャガン）という言葉があるのを知りました。これは「斜めに列をなして飛ぶ雁」という意味です。dǐǎg（斜）は日本語のサカ（坂）と同源ですから，サカドリは「雁」の意味かと考えましたが，雁と朝とを結びつけるものは見つかりません。

　諦めずに，人麻呂が仕掛けた謎を解いてやろうと考え続けました。そしてついに，その謎が解けました。中西のいうとおり，サカドリは「鶏」のことだったのです。

　柿本人麻呂は直球勝負の本格派だと思っていましたが，とんでもない変化球を投げることもあるようです。人麻呂は十二支を利用してサカドリという言葉を作っていたのです。そのからくりを下に示してみましょう。

「酉」の字は「さけ・とり（十二支の10番目）」を表す。
⇓
十二支の10番目に配当された動物は鶏（にわとり）である。
⇓
「酉」の字は「隹・鳥」の字と区別して「さけのとり」ともいう。
⇓
「さけのとり」は「酒の鳥」，すなわち「酒鳥（さかどり）」である。
⇓
「酒鳥（さかどり）」を「坂鳥（さかどり）」に変えて枕詞の真意を隠す。

　こんな理屈を立ててサカドリノという枕詞を作ったわけですが，これは枕詞として上出来とはいえません。というのも，十二支の鶏は時刻でいうと夕方の6時，およびその前後の2時間を表すからです。とことん十二支の思想にもとづくと，「サカドリノ〜朝」は「夕方の朝」というちぐはぐな意味になってしまいそうです。しかし，多くの万葉人の理解はここまでに至らなかったのではないでしょうか。

(13) タマカギル〜ほのか，夕，日，磐垣淵（いわかきふち）

　タマカギルについて，『岩波古語辞典』はそれが「ちらちら光る」の意だとしたうえで次のように説明しています。

　　　玉がほのかに光を出すことから「ほのか」「はろか」「夕（ゆふ）」，「日」にかかり，岩に囲まれた澄んだ水の底で玉のように光るものがあるという意から磐垣淵にもかかる。(p.823)

　この説明は基本的に正しいと思います。ただし，「ちらちら光る」という意味のタマカギルが「日」に係るというのには若干の疑問を感じます。
　「タマカギル日」は万葉歌の一節「我（あ）が思ふ心知らずや行く影の月も経（へ）行けば玉かぎる日も重なりて思へかも胸安からぬ」（万3250）に見える表現ですが，このタマカギルは中国語との間に次の対応を考えた方がよさそうにも思えます。

thiam（閃）「きらめく・いなずま」
kuaŋ（光）「かがやく・ひかり」　＝ タマカギル（玉かぎる）
　◆閃光（センコウ）は「きらりと強くきらめく光」の意。タマカギルは第4タイプの対応で，「光がきらめく」こと。ルは動詞語尾。

　一方,「ちらちら光る」という意味のタマカギルは次のように「光」と「竜」を結合した日本語特有の造語だと思います。

kuaŋ (光)「かがやく・ひかり」　　カギロヒ (かぎろひ)
lıuŋ (竜)「たつ・りゅう」　　＝　カギル (かぎる)
　◆カギロヒは「昇竜のようにゆらゆらする光」が原義で,「炎・陽炎・曙の光」の意。カゲロフはこの語が転じた形。カギロヒのヒは lıuŋ の ŋ に対応。カギルは kuaŋ-lıu に対応する第3タイプの対応例で,「光がゆらめく」こと。

　ついでに,タマ (玉) という語と,これと関係するタマキ (手纏・環) という語の成り立ちを見ておきたいと思います。

duan (団)「まるい・まどか・円形のかたまり」＝ タマ (玉・珠)
　◆タマは「球形をしたもの」が原義で,「美しい石・真珠・宝石」などは派生義である。語末の n はしばしば m になる。

duan (団)「まるい・まどか」　　＝ タマキ (手纏・環)
ŋıuk (玉)「うつくしい石」
　◆団玉 (ダンギョク) は「まるい玉・円玉」の意。タマキは第3タイプの対応例で,「まるい形をした美しい石」がその原義であり,「玉や貝殻などを紐に通して作った輪」は派生義である。duan-ŋıu がタマキになった。

　このように,タマ (玉・珠) という語に込められた「美しい」という意味はタマキのキ,すなわち「玉」に由来するものです。タマは本来,「まるい・球形をしたもの」という意味しか表しませんでした。要するに,タマは形態的に「団」に対応し,意味的には「玉」に対応する語です。そして「玉」は「美しい石」のことですから,タマカギルの意味は「美しい石のように光がゆらめく」ということになります。

　1つ補足しておきたいことがあります。先に示した柿本人麻呂の歌に「玉かぎる夕さり来ればみ雪ふる安騎の大野に」という下りがありますが,ここでの「玉かぎる夕さり来れば」が実景に合

わないということについてです。この歌は，将来を嘱望されなが
ら若くしてこの世を去った草壁の皇子の遺児である，当時まだ
10 歳であったと推定される軽の皇子が父君を追慕するための狩
の旅に出かけた折に同行した人麻呂が作ったものです。歌の中で，
安騎の大野に「み雪」が降っていると描写されています。「み雪」は
「雪」の美称ではありません。それは「み坂」が「険しい坂」の意で，
その「み」が美称でないのと同じです。ここでそのわけを論じて
いる暇はありませんが，「み雪」は「ちらちら降る雪」ではなく「降
りしきる雪・吹雪」のことです。人麻呂の表現が大げさでないと
したら，その日（陽暦の 12 月 31 日と推定されている）は薄日も
射していなかったはずです。そういう悪天候の冬の日の夕方を「玉
かぎる夕」というのには違和感をおぼえます。人麻呂はこの歌で
「玉かぎる夕」を実景を描写するために用いたのではなく，ただ
機械的に常套語を使用したにすぎないようです。

(14) タマキハル〜命，うち，心，昔，幾世

　タマキハルのタマはタマ（魂）だという考えがある一方で，そ
れを語義不詳と見る向きもあります。そして，キハルは原文で「刻・
切」で書かれることが多いので，「刻む」または「極む」の意だとす
る説があります。しかし，タマキハルがなぜ「命」や「うち」など
に係るのか不明だということで大方の意見は一致しているといえ
そうです。

　これに対して私はこう思います。キハルは「刻・切」で書かれ
ているから「刻む・極む」の意だと見るのはよろしくありません。
漢字の表記を素直に示さないのが常套手段だからです。また，係
り方がわからないのに，タマを「魂」だと断定するのもどうかと
思います。

しかしそういう私もタマは「魂」だと考えます。「魂」はタマとも
タマシヒとも読みます。とりあえず，これらの言葉の語源を示し
ておきましょう。

tam（胆）「きも・肝っ玉・こころ」＝ タマ（魂）

tam（胆）「きも・肝っ玉・こころ」
siəm（心）「心臓・こころ・むね」 ＝ タマシヒ（魂）
　◆タマシヒのヒは siəm の m に対応している。

　さて，問題はキハルです。この語は次に示すいずれかの意味で
使われているように思われます。

xɪog（休）「やすむ」
bak（泊）「とまる」 ＝ キハル（きはる）
　◆休泊（キュウハク）は「休み泊まる・宿泊する」こと。キハルもこれと同義。
　　ルは動詞語尾。

kʰɪəd（気）「いき・きもち」
・ɪəg（意）「こころ・おもう」 ＝ キハル（きはる）
lɔ̆g（料）「はかる・おしはかる」
　◆気意（キイ）は「心持ち・気分」の意。意料は「心中に思いをはせる・憶測
　　する」こと。キハルは kʰɪə-・ɪə-lɔ̆ に対応する形で，「思いをはせる・心が
　　ひかれる」などの意。

　こう考えると，係り方が理解できそうです。「タマキハル命」は
「魂が宿る命」です。ちなみに，イノチは生身（セイシン），すな
わち sïeŋ（生）-thieŋ（身）の sïeŋ-thie に対応する形で，もともと
はシノチという発音であったと推定されます。
　タマキハルが「うち」に係るのも容易に理解されます。魂は身
体の内部に宿るからです。そして魂は心に宿るものだから，「タ
マキハル心」というわけです。

「昔」と「幾世」に係るタマキハルは別物です。「タマキハル昔」は「心ひかれる昔」のこと，そして「タマキハル幾世」とは「思いをはせる幾世」，わかりやすくいい換えると「どれほどの時代を経たかと思いをはせる時代」のことでしょう。

ところで，タマキハルが何に係っているのか不明であるといわれる表現があります。それは「たまきはる我が山の上に立つ霞立つとも居とも君がまにまに」(万1912)のタマキハルです。中西進はこの歌を「霊魂のきわまる命をもつ私，この住む山の，頂にかかる霞のように，立つとしても坐るとしても，私の命はあなたのお心のままに」と訳したうえで，タマキハルは「普通，命などと接続するが，ここはそれを含んでいきなり「わが」に続く」と述べています。私はちょっと違うような気がします。この歌はその題詞に片思いを詠ったものだという説明がありますから，「タマキハル我が山」は「思いをはせる我が山」あるいは「我が心のふるさとの山」といった意味を表しているように思われます。こう考えると，タマキハルは「我が山」に係っているということになります。

(15) アラタマノ〜年，月，寸戸が竹垣

アラタマノという枕詞は「あらたまの年が来経ればあらたまの月は来経行く」(古事記, 歌謡28)のように「年」や「月」に係ります。アラタマノのアラタマは「荒玉」，つまり「掘り出したままの磨かれていない玉」を表すといわれます。しかしそのような意味だとすると，アラタマノがどうして「年」や「月」に係るのかわかりません。そこで，アラタマノは「荒玉を研ぐ」の意で，トグと同音のトが付く語に係るのが本来の用法，と見る説があります。どうしてこんなにややこしく勘ぐるのかさっぱりわかりません。

　アラタマはアラタム（改む）と同源です。その成り立ちを下に示してみましょう。

ḍiuər（維）「つな・つなぐ」　＝　アラタム（改む）
sien（新）「あたらしくする」　＝　アラタマ（あらたま）
　◆維新（イシン）は「古くからある古い習慣などを新しくする」こと。アラ
　　タムは ḍiuər の ḍ に対応する音が脱落して，iuər-sien と対応している。s
　　と t との対応は珍しくない。また語末の n はしばしば m になる。なお，
　　アラタシ（新し）のアラタは第3タイプの対応例で，iuər-sie に対応して
　　いる。

　「アラタマノ年」が「新しい年」，「アラタマの月」が「新しい月」
であることは明瞭ですが，奇妙な係り方をする例があります。そ
れは「麁玉（あらたま）の寸戸（きへ）が竹垣（たかがき）編目ゆも妹し見えなば我恋（あれ）ひめやも」（万
2530）に現れます。これは「竹垣の編目からでも妹が見えたら私
は恋い慕わないだろう」という意味ですが，「寸戸が竹垣」のキヘ
（寸戸）が何のことかわかりません。地名だろうという説があり
ますが，どこの地名かわかりません。わかるはずもありません。
地名ではないからです。こういう語だと思います。

kʰər（開）「ひらく・あける」　＝　キヘ（寸戸）
per（閉）「とじる・とざす」
　◆開閉（カイヘイ）は「開くことと閉まること・開けることと閉めること」
　　の意。キヘは「開け閉め」の意。

　「アラタマノ寸戸が竹垣」は「新しく作りかえた開け閉めする竹
垣」のことです。「アラタマノ年が来経（きへ）れば」のキヘをもじった駄
じゃれであることは明らかですが，どれくらいの人がこの意味を
理解できたかは不明です。
　なお，「かくのみや息づきをらむあらたまの来経（きへ）行く年の限り

知らずて」(万881)のアラタマノは「来経」に係っている枕詞だと見る向きもありますが, このアラタマは枕詞から派生した語で,「新しい年・新年」という意味を表しています。だから, このアラタマノは枕詞ではありません。

(16) ヤツメサス〜出雲建（いずもたける）が佩（は）ける太刀（たち）

　地名のイヅモ（出雲）に係る枕詞として3つの異なる表現があります。「夜久毛多都（ヤクモタツ）出雲八重垣妻籠（つま ご）みに八重垣作るその八重垣を」(古事記, 歌謡1)。これは八俣の大蛇（おろち）を退治した速須佐男命（はやすさのおのみこと）が櫛田比売（くしだひめ）との結婚に備えて新居を構えようとして詠った歌です。ここにはヤクモタツというよく知られた枕詞が使われています。そして柿本人麻呂が詠った次の歌にはヤクモサスという枕詞が見られます。「八雲刺す出雲の子等が黒髪は吉野の川の奥（おき）になづさふ」(万430)。また, 次の歌にはヤツメサスという形が現れます。「夜都米佐須（や つ め さ す）出雲建（いずもたける）が佩ける太刀黒葛多（くづらさ）巻きさ身無しにあはれ」(古事記, 歌謡23)。

　さて私は, ヤクモタツとヤクモサスに関して従来の一般的な解釈に賛成します。一般的な解釈とは, ヤクモは「八雲」, つまり「たくさんの雲」を意味し, タツとサスは「現れ出る」を意味するというものです。ヤクモは「多くの隈」だという説があったりしますが, これは素直な解釈ではないと思います。またタツとサスは別物だという説を見受けますが, これらは次に示す語と同源であると考えられます。

tʰiuət（出）「でる・だす」＝ イヅ（出づ）, タツ（発つ・起つ）
　◆イヅは tʰiuət の tʰ に対応する音が消失した形。

　私が従来の解釈に異議を唱えたいのはヤツメサスという枕詞に

関してです。この言葉の意味を説明する前置きとして，出雲がどういう所であったかを考えてみたいと思います。

出雲の地勢は，何といっても斐伊川（ひい）によって特徴づけられます。斐伊川は天井川です。大雨が降ると，上流からの水がさかまく怒涛となって押し寄せて来ました。暴れ狂う大蛇のようなその光景があの八俣の大蛇の伝説を生んだことはよく知られています。このような暴れ川の斐伊川は近隣に災害をもたらしましたが，その一方で大きな恵みももたらしました。川の氾濫によって運ばれて来た大量の土砂によって肥沃な平野が広がり，出雲が実り豊かな国へと発展する契機となったからです。そういう斐伊川がどうしてヒイガワと呼ばれるのか，また斐伊川一帯の地にどうしてイヅモという名が付けられたかを考えたとき，これらの語の成り立ちは次のようであったと想像されます。

ĝiet（溢）「あふれる・こぼれでる」
ĝiet（溢）「あふれる・こぼれでる」 ＝ ヒイ（斐伊）
　◆溢溢（イツイツ）は「満ち溢れる」さま。ヒイはヒヒに由来。

tʰiuət（出）「でる」
thiuǝr（水）「みず」 ＝ イヅモ（出雲）
pān（辺）「へり」
　◆出水（シュッスイ）は「大雨で水が溢れ出る」，水辺（スイヘン）は「水べ」の意。イヅモは tʰiuət の tʰ に対応する音を失った iuǝ-thiuǝr-pā に対応する。

このように出雲が暴れ川のほとりにある地であることが意識されたら，ヤクモサスはその地を形容するのにふさわしい枕詞だと思われたはずです。群雲（むらぐも）がわき起こり激しい雨が降りそうな気配が連想されるからです。そしてこの連想は稲妻の光景を呼び起こします。ちなみに，稲妻は「稲」や「妻」とは関係ありません。イナヅマとはこういう語です。

den（電）「いなずま・いなびかり」
thiam（閃）「きらめく・いなずま」　＝ イナヅマ（稲妻）

　　◆電閃（デンセン）は「稲妻がひらめく」こと。イナヅマは den の d に対応
　　する音が消失している。イナヅマは稲が雷電とつるんで稲穂をはらむと
　　いう古代人の考えから生まれた語ではあるまい。イナヅマに稲妻という
　　漢字が当てられたためにそういう迷信が生まれたと考えるのが妥当であ
　　ろう。

　ここまで来ると，ヤツメサスの本当の意味がわかりそうになり
ます。ヤツメサスのヤとサスを除いたツメがイナヅマのヅマと似
ていることに気づくからです。ツメとヅマ，これらは同じ語です。
ツメは thiam（閃）「きらめく・いなずま」と同じなのです。そこで，
ヤツメは「多くの稲光り」のことで，サスは「射す・発射する」こ
とです。こうして，「ヤツメサス出雲」が「稲光りが無数に放たれ
る出雲」という意味であることが明らかになります。しかし，私
にはもう 1 つの別の意味が潜んでいるように思えます。それは
出雲建が戦闘場面で太刀を振り回すときに発せられる稲妻のよう
なきらめきです。歌の詠み手はそこまで意図していなかったかも
しれませんが，私にはその光景が目に浮かびます。
　最後になってしまいましたが，次のことをいっておかねばなり
ません。ヤツメサスは「ヤ（彌）ツ（連体助詞）メ（芽）サス（生）の
意か」という納得しかねる説明が辞書に載っています。

(17) シラヌヒ〜筑紫

　シラヌヒは地名のツクシ（筑紫）に係りますが，語義も係り方
も不詳であると一般に見られています。しかしこれは簡単にわか
ります。地名のツクシ，およびその別称として国生み神話に出て
来るシラヒワケ（白日別）と一緒に，シラヌヒの語源を示してみ
ましょう。

sïag（所）「ところ・場所」
lıeŋ（領）「くび・おさめる」
fıɪuək（域）「さかい・くぎり」 ＝ シラヒワケ（白日別）
pʰĕg（派）「わかれ・わかれる」

◆所領（ショリョウ）は「領土とする」, 領域（リョウイキ）は「所有する区域・領地の範囲」の意。シラヒワケは sïa-lıe-fıɪuə-pʰĕg に対応する形で,「筑紫」の別称。

sïag（所）「ところ・場所」
lıeŋ（領）「くび・おさめる」
nuəb（内）「うち・なか」 ＝ シラヌヒ（しらぬひ）
buəg（部）「わける・区わけ」

◆所領（ショリョウ）は「領土とする」, 領内（リョウナイ）は「領土の中」, 内部（ナイブ）は「うちがわ」の意。シラヌヒは sïa-lıe-nuə-buə に対応する形。

dieg（地）「つち・大地」
gıər（圻）「領土・さかい」＝ ツクシ（筑紫）
den（田）「田畑・平地」

◆地圻（チギン）は「地の果て」, 圻田（キデン）は「王の領地」の意。ツクシは die-gıə-de に対応する形で,「大和朝廷の最果ての領土」がその原義。もともとは筑紫の国と筑後の国とを表す語であったが, のちに九州地方全域を表す語となった。

ツクシというのは, 戦いによってそこを領土とした大和朝廷が付けた地名です。大和の国の中央の視点で付けられた名であることはその語源からよくわかります。そして「朝廷の領土」という意味を内包しているツクシにシラヌヒ＝「所領内部」という枕詞が同語反復的にかぶさっていますが, これは領土を拡張していこうとしている国の統治者たちの国家意識を反映しているとも受けとれます。

なお, 肥後の八代海に現れる正体不明の火をシラヌヒ（不知火）といいますが, これは枕詞のシラヌヒを真似た言葉でしょう。これとは逆の考え, つまりシラヌヒ（不知火）から枕詞のシラヌヒ

が生まれたとする説がありますが，これはまちがっていると思います。

(18) ウチヨスル〜駿河（するが）の国

　ウチヨスルは「打ち寄する」こと，つまり駿河湾の浜辺に美しい白波が打ち寄せる風景を描写したものであると考えられています。そしてウチヨスルは，そのスルがスルガのスルと韻をふむことによって枕詞たりえていると考えられています。しかしこれは表の意味です。裏の意味はこれでしょう。

・ıuər（威）「おどし・おそれ」
dıuŋ（重）「おもい・おもんずる」
・iɔg（要）「こし・かなめ」　　　＝ ウチヨスル（うちよする）
sïag（所）「ところ・場所」
lıeŋ（領）「うなじ・おさめる」
　◆威重（イジュウ）は「おごそかで重々しい」，重要（ジュウヨウ）は「欠くことができないほど大切である」，要所（ヨウショ）は「物事の大切な部分」，所領（ショリョウ）は「領土とする」の意。ウチヨスルは ıuə-dıu-・iɔ-sïa-lıe に対応している。

sïag（所）「ところ・場所」
lıeŋ（領）「うなじ・おさめる」＝ スルガ（駿河）
kuək（国）「くに・領域」
　◆所領（ショリョウ）は「領土とする」，領国（リョウゴク）は「領有する国土」の意。スルガは sïa-lıe-kuə に対応している。

　この「ウチヨスル駿河」という表現から駿河の国が大和朝廷の重要な領土と位置づけられていたことがうかがわれますが，それとはむしろ反対の意味を表しているような表現があります。「シラマユミ斐太（ひだ）」はそういう例の 1 つです。シラマユミ（白真弓）にどういう意味が込められていたか，そしてヒダ（斐太）を万葉人がどう見ていたかを下に示します。

112

sïag（所）「ところ・場所」
lıeŋ（領）「うなじ・おさめる」
pıuən（分）「わける・わかれる」＝ シラマユミ（白真弓）
ḍiǎg（野）「の・のはら・区域」
pıuɤg（鄙）「いなか・いやしい」

　　◆所領（ショリョウ）は「領土とする」，領分（リョウブン）は「領有する範囲・
　　なわばり」，分野（ブンヤ）は「分けた区域」，野鄙（ヤヒ）は「卑しい」の意。
　　シラマユミは sïa-lıe-pıuə-ḍiǎ-pıuɤ に対応する。

pʰiek（僻）「かたよる・ひなびた」
dieg（地）「つち・大地・領土」 ＝ ヒダ（斐太）

　　◆僻地（ヘキチ）は「都会から離れたへんぴな土地・かたいなか」の意。ヒ
　　ダは pʰie-die に対応する。

　この種の枕詞表現はほかにもあります。たとえば，語義不詳と
いわれるシラトホフが地名のニヒハリ（新治）に係る表現があり
ますが，シラトホフは所領（ショリョウ）と領属（リョウゾク）と
属附（ゾクフ）と附比（フヒ）が合わさった「所領属附比」と対応し
ていて，「領土としてつき従っている」という意味を表しています。
これは中央集権的な意識を丸出しにした枕詞です。

　同じことは「シラスゲノ真野」という表現にもいえます。これ
は真野の地にシラスゲ（白菅）がたくさん生えていることによる
表現だと見られていますが，これははなはだしい見当違いです。
この枕詞の制作者にとって白菅など生えていても生えていなくて
もよかったのだと思います。というのも，シラスゲは「領土とする」
意の所領（ショリョウ）と，「部下としてつき従う」意の領属（リョ
ウゾク）と，「随行する」意の「属行」とが合体した「所領属行」に対
応する枕詞ですから。

　一方，「アメシルヤ日の御陰」という表現は地方を見下げたもの
ではありません。アメは「天」すなわち「天上の世界」，シルは「領る」
すなわち「領有する・統治する」の意で，ヤは間投助詞です。そ

してミカゲはこういう語です。

pɪad（蔽）「かくす・おおう」
kʰɪuăg（虧）「かける・かく」 ＝ ミカゲ（御蔭）

　　◆蔽虧（ヘイキ）は「草木が生い茂って日光が遮られる。覆い隠す・陰に隠
　　れる」こと。ミカゲは pɪa-kʰɪuăg に対応する第2タイプの対応例で，「天
　　の陽を避けて蔭となる所・殿舎・宮殿」の意。

　このように「日の御蔭」は文字どおりには「日蔭」のことですが，
「宮殿にいる天皇」を間接的に表しています。そこで「アメシルヤ
日の御蔭」は「天皇が天上の世界を統治する」といっているのです。
天上の世界を統治するくらいの天皇ですから，筑紫や駿河の国，
また斐太や新治や真野を所領とするのはあたりまえのことです。
　ところで，「領有する・統治する」を意味するシル（領る）という
動詞は中国語の所領（ショリョウ），すなわち sïag（所）-lɪeŋ（領）
と同源です。国を統治するには国を知っていないとできないから
シル（領る）はシル（知る）と同源だという考えが定説になってい
ますが，これは誤りです。

(19) ソラミツ〜大和（やまと）

　大和は盆地です。そこは太古の昔，大きな湖でした。地殻変動
によって地盤が隆起し，水が外へ流されて陸地になりました。こ
うして平野が生まれました。
　大和平野は起伏があまりない土地です。このことは，ナラ（奈良）
という地名からもうかがえます。ナラの語源は ḍier（夷）「ひくい・
たいらか・たいらかにする」です。「たいらかにする」ことをナラ
ス（平す・均す）といいますが，ナラはナラスのナラと同源です。
中国語の ḍ はヤ行半母音の y と対応するのがいちばん多く，次
に多いのがナ行子音の n との対応です。念のために，29 ページ

に示した別の例を見てください。

　ところで，大和平野はそれを取り囲む青垣の山々から数え切れないほどの川の流れがある水に恵まれた土地でした。ゆるやかに流れ下る水は大和川に集合し，大和盆地の裂け目である竜田の渓谷を抜けて大阪湾へと向かっていました。また大和平野には沼沢地があちこちにありました。三輪山のふもとから東大寺あたりまで続く山辺（やまのべ）の道と呼ばれる山裾の小道が人々の行き交う往古の往還であったのは，そのような国中（くんなか）の平野部に道路を作りにくかったからだといわれています。

　しかし，川があり沼がある平野は水田耕作には絶好の場所でした。田圃（たんぼ）に水を引くには大河よりも小さな川の方が適しています。そして点在する沼は天然の溜池（ためいけ）の役目を果たしてくれます。奈良時代の大和平野を想像すると，田圃（たんぼ）に水を引いたり生活用水を確保したりするための水路が網の目のように張りめぐらされている光景が目に浮かびます。

　ヤマト（大和）に係るソラミツという枕詞はこういう景色を描写しようとしたものだと思います。私が考えるソラミツの語源を下に示してみましょう。

thiuðr（水）「みず」
lɪog（流）「ながれる」
pʰag（普）「あまねく」　＝ ソラミツ（そらみつ）
thiar（施）「ほどこす」
　◆水流（スイリュウ）は「水の流れ」，流普（リュウフ）は「広く行き渡る」，普施（フセ）は「あまねく施す」の意。ソラミツは thiuð-lɪo-pʰa-thia に対応する。

　ところで，大和平野に水路が広がる光景は，これまた語義不詳とされる別の枕詞を生んだように思われます。カハ（川）に係る

イナムシロ (稲筵), イナウシロ (いなうしろ) という枕詞です。「稲
筵」という思わせぶりな漢字表記に惑わされてはいけません。イ
ナムシロのイナ, イナウシロのイナは「稲」でしょうが, ムシロ,
ウシロは次のような造語です。

$$
\left.
\begin{array}{l}
\text{pıaŋ} (放)「はなつ」\\
\text{thiuɤr} (水)「みず」\\
\text{lɪəg} (理)「すじみち」
\end{array}
\right\}
=
\begin{array}{l}
\text{ムシロ} (筵)\\
\text{ウシロ} (うしろ)
\end{array}
$$

◆放水 (ホウスイ) は「川の水を導いて流す・ホースなどから水を放つ」こと。
　水理 (スイリ) は「水の流れる道筋・水脈」の意。ムシロは pıa-thiuɤ-lıə に
　対応する形で, ウシロは語頭の m の音が脱落した形である。p と m の
　対応はごく普通に起こる。

　このようにイナムシロとイナウシロが「水を導く道筋」という
意味だと考えれば, それがカハ (川) に係ることが容易に理解さ
れます。なお補足しておきますが, 水路 (スイロ) という語は水
理 (スイリ) と違って中国語では「航路」の意味だということです。

(20) ナマヨミノ〜甲斐<ruby>甲斐<rt>かひ</rt></ruby>

　地名のカヒ (甲斐) に係るナマヨミノという枕詞があります。
これは不詳の枕詞とされていますが, 私にはこの語に 2 つの意
味が込められているように思われます。このことを下で説明しま
しょう。
　まず, ナマヨミノのナマについてです。これは名詞として「生
物・未熟・不完全」, 副詞として「なんとなく・不完全に」などの
意味を表します。そして, ナマにルを付けるとナマル (訛る) と
いう動詞になります。
　次に, ナマヨミノのヨミについてです。これは一方でヨミ (読み)
という意味, 他方でヨミ (黄泉), すなわち「死者が行く黄泉の国」

116

という意味を表しています。

　次に，地名のカヒについてです。このカヒを，枕詞の制作者は下に示すカヒとだぶらせています。

ɦăp（狭）「せまい・せばめる」＝ カヒ（峡・間）
　◆カヒは「狭間・谷あい」の意。

　カヒ（甲斐）とカヒ（峡・間）は発音が違いました。カヒ（甲斐）のヒはいわゆる乙音のヒで，発音記号で表すと ɸï になります。ɸ は上下の唇を合わせて発す音で，f に似ています。そして ï は i と e の中間音で，これが乙音のヒを作るのです。一方，カヒ（峡）のヒは ɸi の音で，これは甲音と呼ばれます（本書では甲乙の発音を区別しないで表記してきています）。

　ナマヨミノに2つの意味があるといいましたが，1つは「訛った発音の」という意味です。カヒ（甲斐）はカヒ（狭）のようにちゃんと kaɸi と発音すればよいものを訛って kaɸï と発音する，と茶化しているのです。しかし作者が本気でそう思っていたかどうかはわかりません。

　ナマヨミノのもう1つの意味はこれです。甲斐の国はカヒ（狭）のような「谷間の国」だから，そこは日当たりの悪い「なんとなくヨミ（黄泉）に似ている」という意味です。これもまた，作者が甲斐の国を本当にそう見ていたかどうかはわかりません。いずれにせよ，ナマヨミノは悪趣味な枕詞です。

　万葉人は行ったことも見たこともない土地をよく知っているかのように詠む傾向があります。仮に甲斐を黄泉と重ねて見ていたとしたら，それはとんでもない誤解です。私が思い描く甲斐の国は陽光あふれる国です。たしか，山梨県の北杜市は年間の日照時間が日本一です。

(21) マクラヅク〜つま屋

ツマヤ（つま屋）とは結婚する夫婦が住むために，妻の家の端<ruby>端<rt>つま</rt></ruby>に建てた家です。軒のはしをツマ（端）といいますが，ツマヤのツマは「はし・へり・きわ」という意味です。ツマヤは「妻屋・嬬屋」と表記するのが普通ですが，これは「夫が通う妻の屋」だという誤った語源解釈による当て字です。語源に即した正しい漢字表記は「端屋」です。

　枕詞のマクラヅクは「枕付く」，つまり「枕と枕がくっつく」ことだと解釈されています。こういうふうに見るのは自然です。新婚夫婦のための住居を形容する枕詞ですから。しかしこれは見せかけの意味です。本当の意味，つまりマクラヅクに隠されている裏の意味はこれです。

pieg（卑）「ひくい・いやしい」
gɪən（近）「ちかい・ちかづく」
lɪen（隣）「となり・すぐそば」　＝ マクラヅク（まくらづく）
tsiap（接）「くっつく・まじわる」
fiəp（合）「あう・あわせる」
　◆卑近（ヒキン）は「手近なこと・ありふれてわかりやすい・通俗」，近隣（キンリン）は「となり近所・近くのあたり」，隣接（リンセツ）は「すぐそばに連なり接する」，接合（セツゴウ）は「つぎあわせる・くっつく」の意。マクラヅクは pie-gɪə-lɪe-tsia-fiə に対応する形で，「すぐ隣にくっついている」の意。

　ここでついでに，ツマ（妻・夫）という語の語源を示しておきたいと思います。

tuəd（対）「あいて・つれあい」　＝ ツマ（妻・夫）
pʰiet（匹）「たぐい・対をなす」
　◆対匹（タイヒツ）は「連れあい」の意。ツマは tuə-pʰie に対応する形で，「結婚相手の女あるいは男」の意。

118

ツマヤ（つま屋）の語源は「端屋」だといいましたが、ツマヤの意味を「夫婦屋」と勘違いしていた人がいたかもしれません。それにしても、ツマ（妻・夫）は「結婚にあたって、本家の端に妻屋を立てて住む者の意」（『岩波古語辞典』）というのは勘違いです。この語の原義は「連れあい」です。そしてこの語は中国語の「人」が「二」と同源であること、そして中国語の「匹」が日本語のフタ（二）およびヒト（人）と同源であることを彷彿させます。

(22) マツガヘリ～痺ひ

「松反りしひてあれやは三栗の中上り来ぬ麻呂といふ奴」（万1783）という柿本人麻呂の歌があります。「松反り」の意味がわからないままにこれを訳すと、「松反り痺いてしまったのだろうか、三栗の中上りして来ないよ、麻呂という奴さん」となります。「三栗の」は「中」に係る枕詞で、「中上り」は国司などが任期途中で上京することです。

中西進はマツガヘリについて「慣用句として松の変化をいったものか。常緑の葉が徐々に落葉しまた緑に戻ることか」としたうえで、これを「松の緑が変わるように」と訳しています。

マツガヘリのマツは「松」ですが、ガは格助詞です。そしてヘリはヘル（減る）という動詞の連用形だと思います。この動詞は「減少する・衰え弱まる」という意味を表すので、マツガヘリは「松が衰え弱まる」という変哲もない意味になります。「松反」という漢字表記の罠に掛かってこの意味がわからなかったのです。「松反りしひて」のシヒは「感覚や機能を失う」を意味するシフ（痺ふ・癈ふ）の連用形です。「松反りしひにてあれかもさ……」（万4014）ではシヒが「呆け・馬鹿」という意味を表します。

松は昔から長寿や不変を象徴する木といわれてきましたが、そ

の寿命は 200 年くらいだと聞いたことがあります。「マツガヘリ
痺ひ」は，そういう松が若松から老い松になり枯れ松になってい
くように威風堂々としていた人がだんだんと老い呆れていくこと
を表しています。

(23) アシヒキノ〜山，峰を

　アシヒキノはすべての枕詞の中で使用頻度がもっとも高い枕詞
でした。しかしそれが「山」あるいは「峰」に係るという以外に何
も明らかにされていません。山に登ると足が引っぱられるように
なるからアシヒキだという解釈は問題外のようです。

　私はかつてアシヒキが火山に関係があるのではないかと考えて
いました。火山である阿蘇山のアソはアシヒキのアシに似ていま
す。津軽富士と呼ばれる岩木山はかつて阿蘇辺の森と呼ばれてい
たということですが，岩木山もれっきとした火山です。火山とい
えば，浅間山も火山です。安達太良山もかつては活火山でした。
アサ，アダはアシ，アソに似ています。また，先祖をそこで焼い
たと伝えられる愛宕山のアタも同じです。これらはアツシ（熱し）
のアツやアタタカ（暖か・温か）のアタと同源の形態ではないか
と想像しました。

　しかし，私の考えは変わりました。万葉人は山を恐ろしい対
象として見ていなかったことに気づいたからです。「神さぶる生
駒高嶺に雲そたなびく」（万 4380）などの歌から知られるように，
山は万葉人にとって神神しく崇高な存在でした。このことは，い
ろいろな山の名前からもうかがえます。

・iog（幽）「ひとしれぬ」　＝ アサマ（浅間）
dzïəm（岑）「みね・やま」
　◆幽岑（ユウシン）は「人里はなれた山・幽山」の意。

120

・ɪuər（威）「おどす・おそれさす」
dɪuŋ（重）「おもい・かさなる」
dāp（畳）「かさなる・たたむ」 ＝ アダタラ（安達太良）
lɪeŋ（嶺）「みね・みねつづき」

　◆威重（イチョウ）は「おごそかで重々しい」，重畳（チョウジョウ）は「うち
　　重なる」，畳嶺（チョウレイ）は「重なり合う山」の意。

dzĭɔŋ（崇）「たかい・あがめる」
kɔg（高）「たかい・たかめる」 ＝ ツクハ（筑波）
pʰɪuŋ（峰）「みね・みねつづき」 ツクハネ（筑波嶺）

　◆崇高（スウコウ）は「けだかい」，高峰（コウホウ）は「高い山」の意。ツク
　　ハネのハネは pʰɪuŋ に対応する。

dzĭɔŋ（崇）「たかい・あがめる」
kɔg（高）「たかい・たかめる」
pʰɪuŋ（峰）「みね・みねつづき」 ＝ タカマト（高円）
teŋ（頂）「いただき・てっぺん」

　◆崇高（スウコウ）は「けだかい」，高峰（コウホウ）は「高い山」，峰頂（ホウ
　　チョウ）は「山の頂」の意。タカマトは春日山の南の高円山を含む一帯の
　　地。聖武天皇の時代，山頂近くに高円離宮があった。

　さて，問題はアシヒキの起源です。私はそれを次のように考え
ますが，どうでしょうか。

・ăŋ（英）「すぐれている」
siog（秀）「ひいでている」
pʰɪuŋ（峰）「みね・みねつづき」 ＝ アシヒキ（足引き）
kʰuān（巘）「角だったみね」

　◆英秀（エイシュウ）は「優秀であるさま」，秀峰（シュウホウ）は「高くそび
　　え立つ山」，峰巘（ホウケン）は「高い峰」の意。

　アシヒキノという枕詞は高い山の神神しい姿を描写するために
作られた言葉のように思われます。
　ところでアシヒキノという枕詞はアラシ（嵐）や「あちこち」を
意味するヲテモコノモ（をてもこのも）にも係るといわれること

がありますが，これはアシヒキが単独で「山」を意味するように
なった例と見るべきでしょう。タラチネ（垂乳根）が単独で「母」
を意味するようになったのと同じです。ですから，そのようなア
シヒキノは枕詞ではないということになります。

　アシヒキとは関係ありませんが，私がアシヒキのアシと同源と
見誤ったアソ（阿蘇）という地名の由来と，それと同源の形態を
含むアサヅマ（朝妻），アシガラ（足柄）という地名の由来を示し
ておきます。

・at（遏）「さえぎる」
tsïag（阻）「さえぎる」　＝ アソ（阿蘇）
　◆遏阻（アツソ）は「遮る」こと。

・at（遏）「さえぎる」
tsïag（阻）「さえぎる」＝ アサヅマ（朝妻）
thiəm（深）「ふかい」
　◆遏阻（アツソ）は「遮る」，阻深（ソシン）は「けわしく遠い」こと。アサヅ
　　マは仁徳天皇が磐之媛皇后（いわのひめのおおきさき）の出身地を「朝妻の避箇の小坂（ヒカ ヲサカ）を片泣きに道
　　行く者も偶（タグ）ひぞ良き」と詠った奈良県御所市朝妻の地。

・at（遏）「さえぎる」
tsïag（阻）「さえぎる」
ŋıam（嶮）「けわしい」　＝ アシガラ（足柄）
ĝlag（路）「みち」
　◆遏阻（アツソ）は「遮る」，阻嶮（ソケン）は「地形がけわしい・地形がけわ
　　しい所」，嶮路（ケンロ）は「危うい路」の意。アシガラは神奈川県と静岡
　　県の県境をなす地域。ĝlag の ĝl は ĝ が消失して単子音化した。

　横道にそれたついでに補足しておくと，上野の国（かみつけ）にも阿蘇（あそ），阿
蘇山（あ そ やま）と呼ばれる所がありました。また，あの天の橋立の内陸側の
海は阿蘇海と呼ばれます。砂州によって潮流が遮られているから
そういう名が付いたのでしょう。

(24) ウナカミノ〜子負の原

ウナカミノは地名のコフ（子負）に係る枕詞ですが，ウナカミは語義不詳ということになっています。私の考えでは，ウナカミのウナは次の対応を有する語です。

 g̃iaŋ（洋）「うみ」＝ ウミ／ウナ（海）

♦ g̃iaŋ の ŋ が m に転じてウミになり，n に転じてウナになった。ウミもウナも g̃ に対応する語頭子音を失っている。

このようにウミとウナは同源ですが，ウナはたとえばウナバラ（海原）のような複合語に使われます。ウナカミのウナも同じであり，ウナカミは「海上」であると考えられます。そしてこの語は中国語の海上（カイジョウ）と同様に「海の上・海のほとり」を意味していると考えられます。

さて，コフ（子負）はどういう所だったのでしょう。「……海の底沖つ深江のうなかみの子負の原にみ手づから置かしたまひて神ながら神さびいます……」（万813）の題詞に，「筑前国怡土郡深江村子負の原に，海に臨む丘の上に，二つの石有り。……」とありますから，コフは海のほとりの地でした。そこで，ウナカミノが地名のコフに係ることがよく理解できます。ついでに，私が考えるコフの語源を示しておきます。

m̥əg（海）「うみ」
pʰag（浦）「ほとり」 ＝ コフ（子負）

♦ 海浦（カイホ）は「海辺の地域」の意。

なお，コフの起源は海辺（カイヘン），海浜（カイヒン），海畔（カイハン）などにも求められます。これらの語は表す意味はほとんど同じです。

(25) アヲミヅラ～依網（よさみ）

　アヲミヅラという枕詞は「青みづら依網の原人（よさみ）も逢（はら）はぬかも石（いは）走（ばし）る近江（あふみ）の県（あがた）の物語せむ」（万 1287）に 1 度だけ現れます。アヲミヅラは「青いミヅラ（角髪）」を思わせます。ミヅラとは上代の成年男子が髪を左右にわけて両耳のあたりで束ねる髪型のことです。そこで「アヲミヅラ依網」について，「髪を寄せて編むこともあったか」と考える向きがあります。これに対して私は，髪を寄せて編むのがミヅラだと思います。だから「アヲミヅラ依網」の表面的意味は「青いみずらを彷彿させる地名の依網」ということだと思います。それにしても，「青いみずら」とは何のことでしょうか。作者は，この言葉の本当の意味を探せといっています。ちなみに，ミヅラ（角髪）の語源は次のとおりです。

pıuăt（髪）「かみ・頭髪」
siog（秀）「ひいでる」　＝ ミヅラ（角髪）
lār（麗）「うるわしい」
　　◆髪秀（ハッシュウ）は「眉目が美しい」ことで，秀麗（シュウレイ）は「きわだってうるわしい」こと。ミヅラは pıuă-sio-lā に対応する。

　ところで，「アヲミヅラ依網」には別の説があります。アヲミヅラは「あをみつうら（碧海浦）」であり，そこは和名称に見える三河国碧海郡の依網だとする説です。

　私は，ヨサミ（依網）がかつての三河国の地名であるという考えには賛成です。そこは愛知県刈谷市と安城市にわたる地域で，現在も刈谷市に依佐見（よさみ）という地名が残っています。しかし，アヲミヅラがアヲミツウラを意味したという考えには賛成できません。それほど遠くない所にキヌウラ（衣浦）という名の湾がありますが，アヲミツウラという名はどこにも見当たりません。こんな地名は存在しなかったはずです。アヲミヅラから架空の地名アヲミ

ツウラを連想させるのは無理だと思います。

　さて，私自身はこう考えます。アヲミヅラのアヲは「青」です。そしてミヅラの裏の意味は次のようであったと考えます。

pɪak（碧）「あおい」
thiuɤr（水）「みず」　＝ ミヅラ（みづら）
lɪəg（理）「すじみち」
　◆碧水（ヘキスイ）は「青い水」，水理（スイリ）は「水の流れる道すじ・水脈」の意。ミヅラは pɪa-thiuɤ-lɪə に対応する。

　この想定が正しければ，アヲミヅラは「青い水が流れる川」の意で，衣浦湾に注ぐ猿渡川がそれであったと想像されます。なお，この川が流れるヨサミ（依網）の語源は次のとおりです。

ĝiet（溢）「あふれる」
thiuɤr（水）「みず」　＝ ヨサミ（依網）
pien（浜）「はま」
　◆溢水（イツスイ）は「あふれる水・洪水」，水浜（スイヒン）は「水のほとり」の意。ヨサミは ĝie-thiuɤ-pie に対応する。

　衣浦湾が内陸に入りこんでいた昔，依網の地は河口の附近だったはずです。

　ここまで長々と枕詞の謎解きをしてきましたが，同じことを続けていくわけにはいきません。紙幅が切れてしまいそうです。しかしこの節でいっておきたいことは山ほど残っています。そこでやむなく，ここからは饒舌な解説をはしょって結論だけを示します。早く第2節に到達するためです。

(26) アリキヌノ (あり衣の) 〜 三重，宝，さゐさゐ

・ɪər (衣) -kiuan (絹) = アリキヌ

(27) アリネヨシ (あり峰よし) 〜 対馬

fɪuǎn (遠) -lɪeŋ (嶺) = アリネ

(28) イシバシノ (石橋の) 〜 神奈備山

・ɪuər (威) -dien (神) -bɪuǎt (罰) = イシバシ

(29) ウツセミノ (うつせみの) 〜 世，世の人，人

fɪ̃ɑn (現) -diet (実) -sïeŋ (生) -mɪĕŋ (命) = ウツセミ

(30) クサカゲノ (草蔭の) 〜 安努，荒蘭

kɪəp (急) -siuən- (峻) -xlɪɑm (険) -fɪ̌ɑp (狭) = クサカゲ

(31) サキタケノ (さき竹の) 〜 背向ひ

tsiek (脊) -dɪug (柱) = サキタケ

(32) サスタケノ (刺竹の) 〜 皇子，大宮，舎人男

sïuət (率) -tsiaŋ (将) -kɪuən (軍) = サスタケ

(33) シキシマノ (磯城島の) 〜 大和

tsʰuən (村) -kʰɪɑg (墟) -dzien (秦) -mɪuɑg (蕪) = シキシマ

(34) シキタヘノ (敷栲の) 〜 枕，床，たもと，袖，衣手，黒髪，家

ḍiɑk (席) -thiɑm (苫) = シキタヘ

(35) シシクシロ (穴串ろ) 〜 黄泉，熟睡

tien (真) -tiug (珠) -fɪuǎn (環) -suǎr (鎖) = シシクシロ

(36) シラカツク (白香つく) 〜 木綿

sɔg (肖) -fɪeŋ (形) = ツク (シラカは白髪)

(37) タクヅノノ (栲づのの) 〜 白，新羅

tʰɪɑg (楮) -dɪəŋ (縄) = タクヅノ

(38) タマヅサノ (玉梓の) 〜 使ひ, 妹
dıuan (伝) -dat (達) = タマヅサ

(39) タマホコノ (玉桙の) 〜 道, 里
diuən (盾) -mıog (矛) = タマホコ

(40) チハヤブル (ちはやぶる) 〜 神
thiad (勢) -puən (奔) -ḍiet (逸) -mıuər (美) -lār (麗) = チハヤブル

(41) ヌバタマノ (ぬば玉の) 〜 黒, 黒髪, 髪, 夜, 夢, 夕べ, 宵
ṇan (桑) -diəm (橲) = ヌバタマ

(42) ハダススキ (はだ薄) 〜 久米の若子
bıuǎt (罰) -dzuər (罪) -sier (死) -fieŋ (刑) = ハダススキ

(43) ハナヂラフ (花散らふ) 〜 秋津の野
pıaŋ (放) -san (散) -luan (乱) -mıuag (舞) = ハナヂラフ

(44) ヒサカタノ (久方の) 〜 天, 雨, 空, 月, 星, 都
fıuǎŋ (永) -dıaŋ (長) -kʰuŋ (空) -tıoŋ (中) = ヒサカタ

(45) マクヅハフ (真葛延ふ) 〜 春日
muan (蔓) -kat (葛) = マクヅ

(46) マソカガミ (真澄鏡) 〜見る, 三, 研ぐ, 月, 月夜
mıǎŋ (明) -dıəŋ (澄) -kıǎŋ (鏡) -klǎm (鑑) = マソカガミ

(47) ミカシホ (みかしほ) 〜 播磨
ṃəg (海) -kuək (国) -tıoŋ (中) -・ıaŋ (央) = ミカシホ

(48) ミヅクキノ (水茎の) 〜 水城 (地名), 岡
pıak (碧) -tsʰeŋ (青) -kʰıuəg (丘) -kʰıag (墟) = ミヅクキ

(49) ミハカシヲ (御佩かしを) 〜 剣
bıuək (服) -buəg (佩) -klıǎm (剣) -sıog (鞘) -mıuər (尾)
= ミハカシヲ

(50) ミモロツク（御諸つく）〜 三輪山，鹿背山

bɪuǎn（繁）-mog（茂）-lɪəm（林）-dzuŋ（叢）-・uad（薈）
＝ ミモロツク

(51) ミヲツクシ（澪標）〜 尽くす

měk（脈）-duŋ（動）-kʰiuat（橛）＝ ミヲツクシ

(52) ムラキモノ（むら肝の）〜 心

pʰɪar（披）-ĝlag（露）-kan（肝）＝ ムラキモ

(53) モモシキノ（百敷の）〜 大宮

pǎk（百）-bɪǎm（凡）-tier（指）-xɪuər（揮）＝ モモシキ

(54) ヤサカドリ（八尺鳥）〜 息づく

・ǎn（燕）-siək（息）-tiuər（隹）＝ ヤサカドリ

(55) ワタツミノ（海神の）〜 海

m̥əg（海）-dhiaŋ（上）-dien（神）＝ ワタツミ

　これでやっと本節を終わることになります。最後に述べてお
きますが，(29) のウツセミノ（うつせみの）と (55) のワタツミノ
（海神の）は枕詞ではないような気がします。係り方が素直すぎ
るように思われるからです。

2　被修飾語に仕掛けられた謎々

　枕詞をいろいろ見てきてつくづく思うのは，万葉人が本来の意
味での言葉を好んで用いたということです。55 ページに示した
ように，コトバという語は「言葉・言葉つかい」を意味する言辞（ゲ
ンジ）と「無益に言葉を費やす・口先だけのことをいう」を意味す
る「辞費」が合体したもので，「無益にもてあそんだ言葉・口先だ
けの言葉」というのがその本来の意味です。枕詞の大部分は，言
葉をもてあそんだものなのです。

この傾向はいまから取りあげる枕詞表現においてさらに顕著です。極端ないい方をすると，本節で私たちは否応なしに言葉の頓知ゲームに参加することになります。謎が解けて興ざめしてしまうような事例があるかもしれません。

(56) タタミケメ〜 牟良自が磯

タタミケメという枕詞は「畳薦牟良自が磯の離磯の母を離れて行くが悲しさ」(万 4338) という防人歌に 1 回だけ現れます。タタミケメはタタミコモの上代東国方言ですが，係り方がわからないので誤字説もあるということです。私は，誤字はないと考えています。一方，「畳にする薦を績(う)む意から，ムの音をもつ牟良自(むらじ)にかかる」(『岩波古語辞典』) という説もありますが，これはこじつけ以外の何物でもありません。

「タタミケメ牟良自が磯」は地名のムラジに謎が仕掛けられているのではないでしょうか。こう考えると詠み手の意図が少し見えてきます。また，こう考えないとタタミケメの係り方は一向に理解できません。詠み手はムラジから次の意味を読み取れといっているように思います。

pān (編)「あむ・くみあわせる」
lɪat (列)「つらなる・つらねる」 ＝ ムラジ (牟良自)

◆編列 (ヘンレツ) は「順序立てて並べる」こと。ムラジは pā-lɪat に対応。中国語の p はごく普通に日本語で m になった。

「タタミケメ牟良自が磯」は「畳薦をきちんと並べたような名前の牟良自が磯」という意味でしょう。枕詞の係り方に気を取られていると，母から離れて行くことの作者の悲しさがなかなか伝わってきません。

(57) タチノシリ〜 玉纏（たままき）

タチノシリは「太刀の後玉纏田居に何時までか妹を相見ず家恋
ひ居らむ（万2245）に1回だけ現れます。「タチノシリ玉纏」は太
刀のしりに当たる握りの部分とか鞘の先っぽを玉で飾ることを表
していると解釈されています。そしてタママキ（玉纏）は地名で
あるとか地名でないとかいわれています。私は地名だと思います。
地名でなかったら，何のおもしろみも感じられません。そして私
は，タママキという地名に詠み手がこういう意味をだぶらせてい
ると思います。

tɔg（刀）「かたな」
pıaŋ（柄）「とって」
pǎg（把）「にぎる」　　　＝ タママキ（玉纏）
ŋuan（玩）「もてあそぶ」

◆刀柄（トウヘイ）は「刀の柄（え）」，柄把（ヘイハ）は「とって」，把玩（ハガン）
　は「手にとって楽しむ」の意。タママキは tɔ-pıa-pǎ-ŋua に対応する。

「タチノシリ玉纏」は「太刀の柄を握ってそれをもてあそぶよう
な名前の玉纏」という意味だと思います。

(58) ニホドリノ〜 葛飾（かづしか）

ニホドリ（鳰鳥）はニホ（鳰）ともいいます。ニホは「入る」を意
味する niəp（入）と同源です。「鳰」という漢字が「入」と「鳥」から
形成されていることからしても，ニホドリの原義が「水の中に入
る鳥」であることは疑いを入れません。

そこで，ニホドリノという枕詞が「息が長いこと」を意味する
シナガ（息長）に係ることはよく理解できます。「水中に潜る」など
を意味するカヅク（潜く）や「水にひたる」などを意味するナヅサ
フ（なづさふ）などの動詞に係るのもよくわかります。たいへん

130

素直な表現です。素直すぎて何だか味気ないようにさえ思われます。

　一方，ニホドリノは地名のカヅシカ（葛飾）にも係りますが，これには注意を要します。ニホドリノがカヅシカに係るのはカヅシカのカヅとカヅクのカヅが同音であることによると解釈するのが普通ですが，もう1つ別の仕掛けがあるように思います。それを説明するために，まずカヅシカの語源を示します。

fiəm（涵）「ひたす」
tsiəm（浸）「ひたす」
thiuɤr（水）「みず」　＝ カヅシカ（葛飾）
ŋeg（涯）「みずわ」
　◆涵浸（カンシン）は「水に浸す」，浸水（シンスイ）は「水びたり」，水涯（スイガイ）は「水ぎわ・岸」の意。カヅシカは fiə-tsi-thiuɤ-ŋe に対応する。

　歌の詠み手がこの語源を知っていたかどうかはわかりません。しかし詠み手がカヅシカのシカを次の意味だと思わせようとしていることはたしかです。

thiuɤr（水）「みず」
gɪəm（禽）「とり」　＝ シカ（飾）
　◆水禽（スイキン）は「水鳥」の意。シカは thiuɤ-gɪə に対応する。

　要するに，詠み手はカヅシカ（葛飾）が「水に潜る水鳥」であると匂わせながらそれにニホドリノという枕詞をかぶせているのです。なお，カヅシカというのは上代東国方言の発音で，いまのカツシカのことです。

(59) ミコモカル〜 信濃の真弓

「み薦刈る信濃の真弓わが引かば貴人さびていなと言はむか

も」(万 96)この歌は久米禅師(くめのぜんじ)なる人物が石川郎女(いしかはのいらつめ)なる人物に贈った求婚歌で、「み薦刈る信濃の真弓を私が引いたならあなたは貴人ぶって否だというでしょうか」のように訳されます。しかし、ちょっと考えてみてください。ミコモカルはどの語に係っているのでしょうか。

　ミコモカルは、一般にはシナノ(信濃)に係っていると思われていますが、地名のシナノが植物のミコモ(水薦)を刈るというのは変だと思いませんか。また、マユミ(真弓)でそれを刈るというのも変です。この歌を贈られた石川郎女は、詠み手の狙いどおりに、ミコモカルとシナノの裏の意味を探ったはずです。

　ミコモのミは「水」か「御」か、ミコモは信濃の特産物であったか、などといわれますが、この枕詞をこんなふうに見ていると、その真意はつかめません。ミコモは表面的には

pʰɪaŋ(芳)「かんばしい」
kuag(菰)「まこも・こも」 ＝ ミコモ(水薦・水菰)
buag(蒲)「がま(草の名)」
　◆芳菰(ホウコウ)は「かぐわしい薦」、菰蒲(コホ)は「こも(菰)とがま(蒲)」の意。ミコモは pʰɪa-kua-bua に対応する。

のことです。そして裏の意味はこれです。

muan(満)「みちる・みたす」
xɪuŋ(胸)「むね・こころ」 　＝ ミコモ(水薦)
pɪug(府)「あつまる所」
　◆満胸(マンキョウ)は「心から・胸いっぱい」、胸府(キョウフ)は「胸の中・心の中・考え・思い」の意。ミコモは mua-xɪu-pɪu に対応する。

　こうして、ミコモに秘められた意味は「切ない思いが詰まった胸」ということになります。そして、信濃の真弓を使ってこれを狩るのがシナノです。シナノとは、

tsʰeŋ（青）「わかわかしい」
nien（年）「とし・よわい」 ＝ シナノ（信濃）

　　◆青年（セイネン）は「若者」の意。シナノは tsʰe-nien に対応する第2タイプの対応例である。

です。そこで、「ミコモカル信濃の真弓わが引かば」は「切ない思いの詰まった胸を狩る若者が使う信濃の真弓をこの私が引いたら」という意味になりそうです。石川郎女がこれをどう解釈したかはわかりませんが、郎女はこの歌の返歌として「ミコモカル信濃」ではじまる歌を詠んでいます。

(60) アヲニヨシ〜 国内

「悔しかもかく知らませばあをによし国内ことごと見せましものを」（万797）という歌は、はるばる筑紫にまでやって来た妻が死んでしまったことを悔んで、こんなことになるとわかっていたら国内のあちこちを隈なく見せておくのだったのに、と詠った挽歌です。

　アヲニヨシはアヲニ（青土・青丹）とヨシ（吉し・善し・好し・宣し）とが結合した枕詞です。私が枕詞というものの存在をおぼろげに知ったのは「あをによし奈良の都は咲く花の薫ふがごとく今盛りなり」（万328）の歌からですが、それ以来ずっとアヲニヨシは地名の奈良に係る枕詞であり、それ以外の言葉には係らないと思っていました。ですから、「アヲニヨシ国内」を見てびっくりしました。こう感じたのは私だけではないでしょう。万葉人も「これは何だ」と思って作者が意図したものを探ったにちがいありません。

　それにしても、「アヲニヨシ国内」に対する先学の意見はあっさりしています。「奈良に係る枕詞を筑紫の国に広げて用いた」というのが一般的な解釈です。こういう解釈をしてもらえるのであれ

ば，アヲニヨシはどんな地名にも使えそうです。作者がこの解釈を知ったら，呆れ顔でこういうかもしれません。私たちは命懸けで枕詞を作っています，と。そして，「アヲニヨシ国内」の答えはこれだと教えてくれるかもしれません。

kəm（紺）「深みのあるあお」
tsʰeŋ（青）「あお・あおいろ」　＝ クヌチ（国内）
　◆紺青（コンジョウ）は「濃く深みのある青色・濃く深みのある青色をした染料」の意。クヌチは kəm-tsʰe に対応する第3タイプの対応例。普通であれば，クムチになってもよさそうな対応である。

kɪəm（今）「いま」
sïeŋ（生）「いきる」　＝ クヌチ（国内）
　◆今生（コンジョウ）は「生きている今の世」の意。クヌチは kɪəm-sïe に対応する第3タイプの対応例。ここでも，クムチになってもよさそうな対応例である。

　アヲニ（青土・青丹）は濃い青色の染料となりました。「アヲニヨシ国内」の作者は，アヲニから紺青（コンジョウ）という漢語を連想させようとしています。そしてこの漢語から今度はこれと同音の今生（コンジョウ）という漢語を連想させます。こうして作者は，黄色を帯びた黄泉の世界にいる妻を思い浮かべながら，青色に満ちたこの世をもっと見せておいてやりたかったという後悔の念を読み手に伝えようとしています。

(61) ミケムカフ〜 城上，南淵，味経，淡路

　ミケムカフは原文で「御食向」と表記されています。ミケ（御食・御膳）とは「神に供える食物・神饌，天皇の食料・供御」のことです。そこで，ミケムカフは「御食向かふ」と表記され，その意味も真正直に「御食に向かふ・御食と向かい合っている」と見なさ

れています。結局，この真正直さがこの枕詞を正しく解釈するうえでの障害となってきました。

　ミケムカフについての従来の説明は，はっきりいってよく理解できません。ひどいいい方をすると，理解できるのは，ミケムカフがどうしてアワジ（淡路）に係るのか不明であるという説明くらいです。いっそのこと，ミケムカフは不詳の枕詞だといってもらった方がすっきりします。

　さて，ミケムカフのムカフは「向かふ」です。そしてミケの意味は，次の2つのうちのいずれかです。

mıuaŋ（網）「あみ・あみする」
kag（罟）「あみ・しかけあみ」　＝ ミケ（御食）
　◆網罟（モウコ）は「網」の意。

mer（迷）「まよう・まよわす」
keŋ（径）「こみち・ちかみち」　＝ ミケ（御食）
　◆迷径（メイケイ）は「迷路」の意。

　キヘ（城上）という地名は「砦の上」を思い起こさせます。そこに近づくと頭上から敵の仕掛けた網が飛んできそうです。「ミケムカフ城上」はそういうイメージに根ざした表現だと見なしてよいでしょう。

　「ミケムカフ味経（あじふ）」も同種の表現です。ただし，網に係るのはアヂという名の水鳥，つまりアヂカモ（あじかも）です。アヂフのフは「経る・通る」を意味するフ（経）という動詞に見えるので，アヂフという地名から，アヂカモの群れがいつものコースを飛んで来て，それに向かって一斉に網が投げかけられる夕闇の光景が浮かびます。

　「ミケムカフ淡路」は違います。ここでのミケは「迷径」，すな

わち「迷路」のことで，ミケムカフは「迷路に向かう」という意味
でしょう。迷路に向かうと逢いたい人に逢えないので，これがア
ワジ（淡路）の枕詞になるわけです。それにしても，「逢はじ」のア
ハジと「淡路」のアワジは発音が合いません。これを指摘すると，
作者は「類音の効果を狙っているのがわかりませんか」というか
もしれません。

　ここまでの説明では，ミケムカフが地名のミナブチ（南淵）に
どうして係るのかわかりません。別の仕掛けを考えなくてはなり
ませんが，それは簡単です。ミナブチには川があって，その川に
は淵があります。淵には魚が潜んでいます。その魚を捕えるには
罠が必要です。ミナブチのミナはその罠のことだと作者はいって
います。

mi̯ən（罠）「しかけあみ」＝ ミナ（南）

　「ミケムカフ南淵」は「魚が仕掛け網に向かう仕掛け網のある南
淵」という回りくどい意味を表します。これもまた，ただの駄じゃ
れです。

(62) コロモデ〜 葦毛（あしげ）

「衣手（ころもで）の名木（なき）の川辺（かわへ）を春雨に我立ち濡ると家思ふらむか」（万
1696）の「衣手の名木」は係り方不詳といわれますが，これはそ
んなにむずかしく考えることはないと思います。「名木」は「泣き」
につながり，「泣き」は「涙」につながります。そしてこの「涙」を
コロモデすなわち「袖」で拭うというふうにつながっているのです。
　「衣手の真若（まわか）の浦のまなご地（つちま）間なく時なし我が恋（あ）ふらくは」（万
3168）の「衣手の真若の浦」も係り方不詳とされていますが，こ

の場合のコロモデは「抱く・取り囲む」というイメージでとらえたらよいと思います。つまり，陸地がコロモデのようにぐるっと「真若の浦」を取り囲んでいるイメージです。

　係り方がわかりにくい表現があります。「衣手葦毛の馬のい鳴く声心あれかも常ゆ異に鳴く」（万 3328）は「（衣手）葦毛の馬のいななき声は心があるからか，いつもとは違って鳴く」という意味ですが，コロモデがどうして葦毛という語に係っているのかわかりません。袖と葦毛との間にどういう関係があるのでしょうか。中西進は葦毛のような服色があったのかと推測していますが，葦毛というのは馬の毛色をいう言葉で，白い毛に青・黒・濃褐色などの毛が混じった毛のことです。そんな服色があったら，それを表すちゃんとした言葉があったはずです。それがないということは服色とは関係がないということでしょう。

　まともに考えていても埒があきません。見方を変えましょう。これは頓知であると。

　葦毛は「足毛」ではないでしょうか。「コロモデ葦毛」は「衣を着ているように見える足毛」のことではないでしょうか。もっと具体的にいうと，足首から下が白くて足袋をはいているように見える足の毛です。そういう足をもつ犬や猫のことを「足袋をはいている」といいますが，この歌の「コロモデ葦毛の馬」も足袋をはいていたのです。きっとそうです。といっても，この歌は葦毛の馬を詠った歌の反歌ですから，馬が足袋をはいているというのは作者の勝手な空想です。

(63) イハバシル〜 垂水，近江

　ここで取りあげるのは，「イハバシル垂水」と「イハバシル近江」です。

　いはばしる垂水(たるみ)の上のさわらびの萌(も)え出(い)づる春になりけるか
も（万 1418）
　……あまざかる鄙(ひな)にはあれどいはばしる近江(あふみ)の国の楽浪(ささなみ)の大(おほ)
津(つ)の宮に天(あめ)の下知らしけむ……（万 29）

　イハバシルは「岩の上を走る」の意だとされます。そこで「イハ
バシル垂水」は「岩の上を水が勢いよく走る滝」と解釈されるのが
通例です。しかしこの解釈は「イハバシル近江」には通用しません。
そこで，これは係り方不詳ということになっています。
　どこかに問題があるはずです。それを明らかにするため，とり
あえずタルミ（垂水）がどういう所かをはっきりさせます。

dhiuar（垂）「たれる・たらす」　＝　タル（滝）
lǔŋ（滝）「竜の形をした早瀬」　＝　タルミ（垂水）
　◆垂滝（スイリュウ）は「竜がうねるように流れ落ちる急流」の意。タルは
　dhiua-lǔ に対応する第 1 タイプの対応例。タルミは dhiua-lǔŋ に対応す
　る第 2 タイプの対応例。語末の ŋ はしばしば m になる。

　もう何十年も前のことですが，旅先で「こちらではタキ（滝）の
ことをタル（滝）といいます」と聞かされたことがあります。ただ
の方言かと思っていましたが，上に示した対応から，タルはタル
ミと同じくらい古い言葉であることが知られます。そして，タル
とタルミはただの滝ではなかったこともうかがえます。タキ（滝）
は「水がさらさらと縦に流れ下る滝」を表す dzoŋ（涼）と同源です
が，タルとタルミの原義は「竜がうねるように流れ落ちる急流」
です。このことは「滝」という漢字からもわかります。「滝」は「水
の竜」を象形する漢字です。
　「イハバシル垂水」のタルミも本来の意味でのタルミ，すなわ

ち「水が竜のようにほとばしり落ちる急流」であったと考えられ
ます。こう解釈すると,「イハバシル近江」の本当の意味が見えて
きます。アフミ(近江)はもちろん「近江の国」のことですが, こ
れは次の語との掛詞になっていると思います。

・ug(漚)「あわ」
pʰŏg(泡)「あわ」＝ アフミ(近江)
muat(沫)「あわ」
　　◆漚泡(オウホウ)と泡沫(ホウマツ)はいずれも「あわ」の意。アフミは
　　　・u-pʰŏ-mua に対応する。

　ここまで来ると, イハバシルという枕詞にも何らかの仕掛けが
あるにちがいないと見る方がよさそうです。この言葉の裏の意味
はこれでしょう。

・ɹug(紆)「まがりくねるさま」
buan(盤)「ぐるぐるまわる」
buan(盤)「ぐるぐるまわる」　＝ イハバシル(石走る)
ḍiuan(施)「めぐる・めぐらす」
lɪog(流)「ながす・ながれる」
　　◆紆盤(ウバン)は「山道などが曲がりくねるさま」, 盤盤(バンバン)は「曲
　　　がりめぐる」, 盤施(バンセ)は「めぐる・さまよう」, 施流(セリュウ)は「う
　　　ずまき流れる」の意。イハバシルは・ɪu-bua-bua-ḍiua-lɪo に対応する。

「イハバシル近江」には「水がうずまき流れて泡立っている近江」
という意味が隠されています。イハバシルという枕詞を作ったの
は柿本人麻呂のようですが, 人麻呂は枕詞を多用した歌人だけ
あって漢語の知識も豊かでした。

(64) シナタツ〜 筑摩左野方

　「しなたつ筑摩左野方息長の遠智の小菅編まなくにい刈り持ち
来……」(万3323)は大伴家持がつくった歌の前半部分です。万

葉歌を代表するほどの名歌といわれながら，この歌はいくつかの
解釈を生んできました。

　シナタツは「階立つ」ことで，シナはシナノ（信濃）のシナと同
じだと見るのが一般的な解釈です。私もそう思います。しかしシ
ナタツが地名のツクマ（筑摩）に係るという一般的な解釈には賛
成できません。そんなふうに見たら台無しです。ツクマは現在の
筑摩と同じ琵琶湖の東端にある地で，そこは渡し場がある水辺の
村だったはずです。ですからツクマの語源を次のように見るのが
よいと私は考えています。

tsien（津）「しる」
ŋan（岸）「きし」　　＝ ツクマ（筑摩）
pān（辺）「ほとり」
　◆津岸（シンガン）は「渡し場」，岸辺（ガンヘン）は「岸べ」の意。

　シナタツがツクマに係っていないとしたら，それはサノカタ（左
野方）に係っていることになりますが，サノカタとはいったい何
でしょう。問題の核心はここにありそうです。

　結論をさきにいうと，サノカタは地名と植物名との掛詞です。
地名としてのサノカタは次のような語源を有すると考えられます。

tsʰuən（村）「むら・むらざと」
ḓiǎg（野）「の・郊外の地」
ŋuad（外）「そと・ほか」　　＝ サノカタ（佐野方）
dieg（地）「つち・大地」
　◆村野（ソンヤ）は「村里」，野外（ヤガイ）は「郊外の地・郊外の外の地・屋外」，
　　外地（ガイチ）は「地方・よその地・他地域」の意。サノカタは tsʰuə-ḓiǎ-
　　ŋua-die に対応する。この対応から，古くからあった地名であることが
　　うかがえる。新しい地名であれば，サヤカタになっていると推定される。

　サノカタがこういう成り立ちの地名であったとすれば，そこは

140

ツクマの村の外れにあったことになります（おそらく現在の米原
町朝妻筑摩あたりでしょう）。そしてそこが傾斜地になっていた
ので，シナタツ（傾斜して立っている）が（村はずれの）サノカタ
にかかっているというわけです。

　植物名のサノカタが何であるかは簡単にわかります。サノカタ
は一種の蔓植物で「藤の類ともアケビともいう」と辞書に載って
いますが，本当はサネカヅラ（真葛）のことです。サネカヅラは
モクレン科の常緑樹で，蔓性の灌木です。これだと断言できるの
は，サネカヅラが「真葛」と表記されるからです。そしてこれを
大伴家持の時代の中国語で表すと，tʃɪ̆en（真）-kat（葛）になるか
らです。家持はこれをサノカタに変えて，これが何であるかわか
るかと謎掛けをしているのです。途方もなくむずかしい謎々では
ありません。

　「シナタツ筑摩左野方」は，わかりやすくいうと「筑摩の村のとっ
外れにある傾斜地の左野方に生えるひっ傾いた真葛」ということ
になるでしょうか。

(65) アヲハタノ〜 小幡，葛城山，忍坂

　アヲハタノという枕詞は，「青旗の木幡の上を通ふとは目には
見れどもただに逢はぬかも」（万148），「……青旗の葛城山にたな
びける白雲隠る天さがる鄙の国辺に直向かふ淡路を過ぎ……」（万
509），「こもりくの泊瀬の山青旗の忍坂の山は走り出の宜しき山
の出でで立ちのくはしき山ぞ……」（万3331）のように使われて
います。地名の「木幡」は「木幡の山」のことですから，アヲハタ
ノは何らかの共通性を有する山に係る枕詞であることが想像され
ます。また，アヲハタノのアヲハタは原文でいずれも「青旗」と
表記されていますので，「青く茂る木」を「青い旗」に見立てている

ように思われます。それにしても，上の3つの山に茂る木がほかの山の木と目立って違っているようには思われません。それとは別のところで3つの山はつながっているようです。

　問題解決の手がかりを得るために，アヲハタに別の意味があるのではないかと疑ってみました。青蕃（セイハン）という漢語があります。これは「青々と茂る」という意味です。そして，「草木が茂り増える」という意味の蕃滋（ハンジ）という漢語が見つかったとき，これがアヲハタのハタに対応すると思いました。つまり，bɪuǎn（蕃）-tsiəg（滋）の bɪuǎ-tsiə をハタ（旗）としているのだと思いました。これが見当はずれでなければ，アヲハタノ（青旗の）は「草木が青々と茂り増える」という意味を表していることになります。

　ここまで来ると，「アヲハタノ木幡」の係り方が明らかになります。コハタ（木幡）のコは「木」を，ハタは「蕃滋」を連想させます。だからアヲハタノがコハタに係るわけです。

　一方，「アヲハタの葛城山」と「アヲハタの忍坂」は次のようなごろ合わせを考えた表現のように思われます。

kuar（過）「すぎる」
tar（多）「おおい」　　　＝ カヅラキ（葛城）
lɪaŋ（量）「かさ」
ker（計）「はかる」
　◆過多（カタ）は「多すぎる」こと，多量（タリョウ）は「量が多い」こと，量計（リョウケイ）は「多少をはかる」こと。カヅラキは kua-ta-lɪa-ke に対応する。

bɪuǎn（蕃）「しげる」
tsiəg（滋）「しげる」　　＝ オサカ（忍坂）
fiug（厚）「ぶあつい」
　◆蕃滋（ハンジ）は「草木が茂り増える」，滋厚（ジコウ）は「豊かである」こと。オサカは bɪuǎn の b に対応する音が脱落した ɪuǎ-tsiə-fiu に対応する。

142

作者が一生懸命にごろ合わせを考えていることはわかりますが，その努力がどれほど実ったでしょうか。私はアヲハタノという枕詞に奥深い意味を感じていましたが，その係り方がわかって少しがっかりしました。空しさのようなものさえおぼえました。不詳の枕詞のままであった方がよかったくらいです。

(66) コトサケヲ〜 押垂小野

「琴酒を押垂小野ゆ出づる水ぬるくは出でず寒水の心もけやに思ほゆる音の少なき道に逢はぬかも……」（万3875）のコトサケヲ（琴酒）は枕詞ではあろうが，その語義は不明だといわれています。そしてオシタレヲノ（押垂小野）は地名らしいが，所在地は不明とされています。

一方，コトサケヲのコトは「琴」，サケは「酒」で，琴は弦を押さえ，酒は垂れるものだから，コトサケヲがオシタレに係るという考えがあることを知りました。なるほど，こういうふうに考えるのか，と思いました。そしてそのときは，こう考えれば何の問題もないと思いました。

この解釈が万全ではないと知ったのは，だいぶん時が経ってからのことです。念のために調べてみました。コトサケに何か別の仕掛けがあるかもしれないと思ったからです。調べてみたら思いもかけなかった意味が隠されていることを発見しました。それを下に示します。

fiuān（玄）「くろい」
tɪog（酎）「さけ」　　＝ コトサケ（琴酒）
tsiog（酒）「さけ」

◆玄酎（ゲンチュウ）は「濃い酒」の意。酎酒（チュウシュ）は「祭酒に用いられる，重ねてかもした酒」の意。コトサケは fiuā-tɪo-tsiog に対応する第6タイプの対応例である。

　「酒をしぼる」といいますが, これは発酵させた米を強く押して酒を垂らすことです。地名のヲシタレ (押垂) が「発酵させた米を押す」ことと,「酒が垂れる」ことを暗示していることは明らかです。

(67) モモシノノ～三野(みの)

　地名のミノ (三野) に係るモモシノノという枕詞があります。「百小竹(ももしの)の三野王(みののおほきみ)西の厩(うまや)立てて飼ふ駒 東(ひむがし)の厩(うまや)立てて飼ふ駒草こそば取りて飼ふと言へ……」(万 3327)。モモシノは原文で「百小竹」となっているので,「多くの篠」を意味していると考えられます。「篠」というのは小竹の総称です。

　地名のミノは「三野」とも書きましたが,「美濃」の方が一般的です。「美濃の国」の美濃で, 現在の岐阜県南部地域です。ちなみに, 濃尾平野の「濃」は美濃,「尾」は尾張を指します。

　さて,「モモシノノ三野」は係り方不詳と一般に考えられています。しかし一方で, この枕詞は美濃に多くの篠が生えることによる, という解釈があります。私はこれには賛成できません。安易な解釈だと思います。篠はあちこちに生えているありふれた小竹です。これが美濃の国に目立つほど多かったなどとはとても考えられません。

　視点を変えてミノの意味を考えた方がよさそうです。つまり, ミノが地名ではない何かを表している可能性を探った方がよいということです。「シナタツ筑摩左野方」のサノカタが地名以外にサネカヅラ (真葛) をも表したように,「モモシノノ三野」のミノが地名以外の何かを表していると考えたとき, まっ先に思い浮かぶのは雨具のミノ (蓑) です。ミノ (美濃) とミノ (蓑) は語源がまったく異なります。これらの語の成り立ちは次のようであったと私は見ています。

bɪăŋ（平）「たいらか」
ḍɪăg（野）「の・のはら」　＝ミノ（美濃）

　　◆平野（ヘイヤ）は「平らな大地・平原」の意。ミノは bɪă-ḍɪă に対応する。
　　　ḍ と n の音との対応は珍しくない。29 ページを参照。

pier（庇）「おおう・ひさし」
・ɪəm（陰）「かげ・おおう」　＝ミノ（蓑）

　　◆庇陰（ヒイン）は「かばう・助け・ひさしのかげ」の意。ミノは pie-・ɪə に
　　　対応する。喉音の・と n の音との対応は珍しくない。29 ページを参照。

　これらの語は語源が異なるだけではありません。ミノ（美濃）
のノは甲音の no ですが，ミノ（蓑）のノは乙音の nö です。これ
らの語は同音ではありませんが，よく似ています。いわば類音で
す。だから，ミノ（美濃）からミノ（蓑），ミノ（蓑）からミノ（美濃）
への連想は十分に働きます。
　「モモシノノ三野」のミノが「蓑」を暗示しているという考えは
篠が茅や菅や稲藁と同様に蓑の材料になりえたことから裏付けら
れます。篠で作った蓑があっても不思議ではありません。きっと
あったと思います。だから，「モモシノノ三野」には「多くの篠で
作った蓑のような三野」という意味が込められていると見るのが
自然でしょう。
　ところで，美濃は絹の産地として有名でした。美濃の国で作ら
れた絹は「美濃絹」とも「美濃」とも呼ばれました。「モモシノノ三
野」をこの「美濃」とひっかけて考えると，「蓑」との対比が味わい
深く感じられます。

(68) モモキネ〜 三野

　「ももきね三野の国の高北のくくりの宮に……」（万 3242）のよ
うに，地名のミノ（三野）にはモモキネという枕詞もありました。

地名のミノは上で取りあげた「モモシノノ三野」のミノと同じです。つまり、「美濃の国」の「美濃」のことです。一方、モモキネは原文で「百岐年」と表記されています。「岐年」はギネと訓むのが自然だと思いますが、慣例に従ってキネとしておきます。

　さて、「モモキネ三野」のモモキネも不詳の枕詞とされています。しかし私には、これがどうして不詳なのかわかりません。モモキネのモモ（百）は「多数・たくさん」ということでしょうから、キネが問題となります。これには2つの意味が隠されています。というより、ほとんど露出しています。1つは「絹」です。「モモシノノ三野」のところで述べたように、美濃国が絹の産地であり、美濃産の絹を「美濃絹」あるいは「美濃」といっていました。このことを知っている人なら、モモキネからモモキヌ（百絹）を連想したと思います。

　モモキネのキネが暗示するもう1つの意味は「杵」です。そしてモモキネは「百杵」を暗示しています。ご存知のように美濃国は良質な紙の産地でもあり、そこで生産された紙は「美濃紙」あるいは「美濃」と呼ばれました。紙作りは楮などの枝を蒸すことからはじまります。次に、蒸した枝の荒皮をはぎ取って白皮にします。そして、この白皮を杵で叩いてほぐします。「百杵」はこれをいっているのです。

　「モモキネ三野」には「杵を何度も叩いて作る美濃紙とたくさんの美濃絹を産出する美濃」という意味が込められています。

(69) タマカツマ〜 あふ，安倍島，島熊山

　タマカツマは「目の細かい竹籠」を表すカツマ（勝間）に美称の「玉」が付いた形だといわれますが、違います。次の対応を見てください。

təŋ（灯）「ともしび・あかり」
kug（篝）「かご・かがり火」 ＝ タマカツマ（玉かつま）
dziuan（荃）「竹製の漁具」

　　◆灯篝（トウコウ）は「かがり火を覆う籠」の意で，篝荃（コウセン）は「竹製
　　の漁具」の意。タマカツマは təŋ-ku-dziuan に対応する。語末の ŋ と n は
　　しばしば m になる。

　カツマ（勝間）は kug（篝）-dziuan（荃）に対応する形で，「竹か
ご」を意味するカタマ（籠），カタミ（筐）と同源です。タマカツマ
はそれに təŋ（灯）が付いた形です。2 つの籠が一対になっていて，
上の籠はかがり火が入るようになっている蓋で，下の籠は魚が入
るようになっていたと考えられます。

　さて，こういう漁具を表すタマカツマがアフ（あふ）に係るのは，
タマカツマの上下の籠がぴったり合っていたからです。またアヘ
シマ（安倍島）に係るのはアヘがアフの類音であること，そして
アヘシマのシマとタマカツマのツマとが類音らしき音であること
によると思います。

　「タマカツマ島熊山」にはまったく別の仕掛けがあります。作
者はシマクマ山がこんな山だといっています。

dziuan（荃）「竹製の漁具」
ŋɪag（魚）「うお・さかな」＝ シマクマ（島熊）
pʰag（浦）「水のほとり」

　　◆荃魚（センギョ）は「竹製の漁具で魚を捕える」こと。魚浦（ギョホ）は「魚
　　を捕える場所」の意。シマクマは dziuan-ŋɪa-pʰa に対応する。

　「タマカツマ島熊山」は「タマカツマを仕掛ける漁場みたいな名
前のシマクマ山」という意味です。

　作者のこういう冗談は普通の読み手にはなかなか通じなかった
のではないかと思います。しかし賢い万葉人は普通の読み手では
なかったので，そういう人たちにとって作者の意図は見え見え

だったかもしれません。

(70)タマクシゲ〜 み，明く，二上山，蘆城（あしき）

　タマクシゲ（玉櫛笥）は櫛笥（くしげ）の美称です。櫛笥とは結髪用具や
髪飾などを入れておく女性にとって大事な箱です。櫛笥は開ける
ので「明く」に係るといわれます。また，開けて見るので「み」に
係り，蓋があるので「二（ふた）」に係るといわれます。なるほど，と思
われます。

　しかしタマクシゲは「玉くしげ蘆城（あしき）の川を今日見ては万代まで
に忘らえめやも」（万1531）のように地名のアシキ（蘆城）にも係
ります。これは係り方不詳ということになっています。

　「タマクシゲ蘆城」を玉櫛笥と関係づけようとしても，おそら
く何もわからないと思います。このタマクシゲは玉櫛笥を偽せて
作ったものにちがいないと思われるからです。偽せ物の実体はこ
れでしょう。

təŋ（灯）「ともしび・あかり」
kug（篝）「かご・かがり火」
dziuan（荃）「竹製の漁具」　　= タマクシゲ（玉櫛笥）
ŋɪag（魚）「うお・さかな」
　◆灯篝（トウコウ）は「かがり火を覆う籠」，篝荃（コウセン）は「竹製の漁具」
　の意。荃魚（センギョ）は「竹製の漁具で魚を捕える」こと。タマクシゲ
　は təŋ-ku-dziua-ŋɪa に対応する。語末の ŋ はしばしば m になる。

　「タマクシゲ蘆城」は何となく「タマカツマ島熊山」に似ていま
す。しかし蘆城は大宰府の近くにあって駅家が置かれていた所で
す。官人たちの遊宴の場でもあったということですが，漁具とは
関係ないでしょう。そこに1度でも足を踏み入れたらそこから
抜け出せないということではありますまい。

148

　私はアシキという音に注目するべきだと思います。これは仏教語の「悪しき道」を連想させます。この語は「悪道」の訓読語で，悪行を犯した人が行かねばならない世界，とくに地獄・餓鬼・畜生の三道のことです。

　「タマクシゲ蘆城」から感じられるのは，「タマクシゲは魚の地獄，蘆城は悪しき道のような所」という意味です。枕詞のタマクシゲと地名の蘆城を結びつけているのは地獄のイメージだと思います。

(71) シナガドリ～ 猪名（いな），安房（アハ）

　シナガドリは地名のヰナ（猪名）とアハ（安房）に係る枕詞です。シナガドリはシ（息）- ナガ（長）- ドリ（鳥）で，水に潜るのが得意な鳥のことです。

　シナガドリがどうして地名のヰナとアハに係るのか不明であるといわれています。ニホドリ（鳰鳥）などには居並ぶ性質があるから，同音のヰナに係るという説明もありますが，これは信じられません。

　私は，地名のヰナとアハは次の語との掛詞になっていると思います。

$$\left.\begin{array}{l} \text{muət（没）「しずむ」} \\ \text{nien（人）「ひと」} \end{array}\right\} = \text{ヰナ（猪名）}$$

　◆没人（ボツジン）は「水中に潜って魚具をとることを職業にしている人・海士」の意。ヰナは muə-nie に対応。m と w との対応は mıuər（尾）とヲロ（尾ろ），mıən（罠）とワナ（罠）などに見られる。

$$\left.\begin{array}{l} \text{m̥əg（海）「うみ」} \\ \text{bıug（鳧）「かも」} \end{array}\right\} = \text{アハ（安房）}$$

　◆海鳧（カイフ）は「海かもめ」の意。アハは m̥əg の m̥ に対応する音が脱落した形で，ə-bıu に対応する。

　「シナガドリ猪名」は「しなが鳥みたいなヰナ（没人）のようなヰナ（猪名）」というごろ合わせを狙った表現でしょう。そして「シナガドリ安房」は「シナガドリのアハ（海鼇）のようなアハ（安房）」というごろ合わせを狙った表現でしょう。こういう理解を得るには，没人（ボツジン）と海鼇（カイフ）という漢語の知識が不可欠です。

　それにしても，どれほどの人がこれらの漢語を知っていたか，またどれほどの人がシナガドリとこれらの漢語との関連に気づいたかは知る由もありません。

(72) タマハヤス〜 武庫（むこ）

　「たまはやす武庫の渡りに天伝（あまつた）ふ日の暮れ行けば家をしそ思ふ」（万 3895）の歌は，筑紫での任務を終えて大和へ帰る途上，最後の寄港地である武庫泊（むこのとまり）に到着せんとする夕方に詠われたものです。枕詞のタマハヤスは語義不詳といわれますが，私にはよくわかります。

　タマハヤスのタマは「タマカギル夕（ゆふ）」や「タマカギル岩垣淵（いはがきふち）」のタマと同じ「ゆらゆらするほのかな光」です。何の光かといえば，それは漁り火の光です。そして，タマハヤスのハヤスは次の語でしょう。

$$\left.\begin{array}{l} \text{pɪuăn（反）「かえる・かえす」} \\ \text{・ɪăŋ（映）「うつる・はえる」} \end{array}\right\} = \begin{array}{l} \text{ハユ（映ゆ・栄ゆ）} \\ \text{ハヤス（映やす）} \end{array}$$

　◆反映（ハンエイ）は「光や色が反射して映る」などの意。ハユは「光などを受けて輝く・映りあって美しく見える」などの意。ハヤスはその他動詞形。ハユは pɪă-・ɪă に対応する。

　タマハヤスは，漁り火が海面に映って光がゆらゆらしている光景を描写したものです。タマハヤスはこれだけでムコ（武庫）に

係る枕詞として通用しますが，これに次のような仕掛けが加えられています。

mɪuər（微）「かすか」
kuaŋ（光）「ひかり」 ＝ ムコ（武庫）
　◆微光（ビコウ）は「かすかな光」の意。ムコは mɪuə-kua に対応する。

　この掛詞はうっかりすると見逃してしまいそうです。詠み手が船上でとっさに思いついたかどうかはわかりませんが，「タマハヤス武庫」は絶妙な表現だと思います。
　ところで，ムコ（武庫）という地名の由来について長期にわたって論争が続いてきました。まだ決着がついていないようですが，私が考えるこの地名の起源は bak（泊）「とまる・船着き場」です。これ以外の可能性はない，と思います。

(73) ツマゴモル～小佐保

　ツマゴモル（妻隠る）という枕詞は，「妻が隠る屋」のイメージから「屋」と同音を有する地名のヤノ（矢野）とヤカミノヤマ（屋上山）に係る一方で，地名のヲサホ（小佐保）にも係ります。これは係り方不詳とされていますが，次の対応を想定するとこの謎は解けます。

tsiog（椒）「はじかみ」
bɪuaŋ（房）「へや・いえ」 ＝ サホ（佐保）
　◆椒房（ショウボウ）は「皇后の御殿」の意。サホは tsio-bɪua に対応する。

　ヲサホ（小佐保）のヲは「小さい」を意味するヲ（小）としたうえで，作者はヲサホという地名に「小さな皇后の御殿」という裏の意味を潜ませています。そしてこれを「妻が隠る寝屋」と重ね合

わせているのです。このような係り方を理解するには, 椒房(ショ
ウボウ)という漢語の知識が欠かせません。

　これで枕詞の謎解きはおわりです。枕詞の中には, その化けの
皮をはがすと, ただの駄じゃれでしかないと思われるものが少な
からずあります。しかし言語学を志している者の目から見ると,
そういう馬鹿げた枕詞も興味深く感じられます。万葉人が中国語
を使って言葉遊びをしていること, 中国語の知識をひけらかして
いることが手に取るようにわかるからです。万葉人の中には日本
語が中国語を土台にした言語であることに気づいていた人がいた
のではないか, とさえ思われます。

第5章　万葉集の難訓を訓む

　万葉歌の原文が万葉仮名なるもので書かれていることは知っていましたが，万葉仮名の実態を知りませんでした。辞書で「万葉仮名」を引くと，「漢字の音や訓を借りて国語の音を写した文字」とされています。

　万葉歌の中に訓み下しができない難訓なるものがいろいろと存在することも知りませんでした。これまでずっと訓み下された歌だけを目にしてきたので知らなかったわけです。原文と訓み下されたものとを比較してみると，先人たちの努力が尋常ではなかったことがよくわかります。

　本章は，素人の中でも最たる素人の私が蛮勇をふるって万葉集の難訓を解読しようとするものです。私に何か少しでも新しいことができるとすれば，それは中国語との比較を取り入れるくらいのことです。

　以下の論考の手順を説明しておきます。最初に，難訓の部分を見出しとして表示します。次に，その難訓を含む歌とその口語訳を『新日本古典文学大系』（岩波書店）に依拠して示します。それに続いて私が考えた訓読を試案として，その意味を試訳として示します。そしてそのあとで，解読の根拠を述べます。なお，中国語の発音は周・漢の時代の上古音と隋・唐の時代の中古音を並記して示します。

(1) 莫囂円隣之大相七兄爪謁気

莫囂円隣之大相七兄爪謁気 わが背子がい立たせりけむ厳橿が本（万9）

「莫囂円隣之大相七兄爪謁気」我が君が立たれたという神聖な橿の木の下よ。

試案「魔訶襟が押さしけさやぐ」

試訳「橿の木の大枝の襟に圧倒されて気持ちがきっぱりとする」

　上の歌は，紀伊の温泉への行幸に随行した額田王が作ったものです。ここに見える難訓はこれまで数々の解読が試みられてきましたが，みんなを納得させるような訓みはまだ現れていません。

　私はこの歌が橿の木の下に立ったときの作者の気持ちを詠ったものだと考え，まず最初に冒頭の「莫囂」に注目しました。そして，これは「摩訶不思議」の「魔訶」と同じだと見当をつけました。この語は梵語の音訳で，「大きいこと・優れていること」という意味です。

　次に，「円隣」に注目して次の対応関係を考えました。

円 (fɪuan-fɪuɛn)
隣 (lɪen-lĭěn) ＝ エリ（襟）

　作者は橿の木を神が立っている姿と重ねながら，木の幹は神の体で，それを覆う枝葉は神がまとっている衣だと見ています。そして斜めに伸びている大枝の下に佇む作者は，それを大きな衣の襟に見立てているのです。

　第1句のおわりの「之」は格助詞で，「の」と読むか，「が」と読むかでしょう。

　さて第2句の前半は次のように訓むことができます。

大（オホ）
相（siaŋ-siaŋ）　＝ オサシ（押さし）
七（tsʰiet-tsʰiet）
　◆オサシのオは訓読みのオホのオに対応する。訓読みを利用した表記はしばしば見られる。

　オサシはオス（押す）に尊敬を表す助動詞のス（す）が付いた形で，「威力をもってお押しになり」あるいは「圧倒なさり」という意味を表しています。
　第2句の後半は，「押さし」という連用形を承けて次のようになっています。

兄（xɪuăŋ-xɪuʌŋ）
爪（tsŏg-tṣău）
謁（・ɪăt-・ɪʌt）　＝ ケサヤグ（けさやぐ）
気（kʰɪəd-kʰɪəi）

　ケサヤグは「きっぱりとする・はっきりする」を意味する四段活用の自動詞です。その主語は作者であり，「きっぱりとした気持ちになる」という意味を表しています。「押さし」の主語は第1句の「魔訶襟」ですから，第2句の途中で主語が入れ替わっているわけです。そしてこのケサヤグは連体形として，第5句の「厳櫃が本」を修飾しています。
　なお，第2句の途中で主語が入れ替わることが不自然に思われたら，ケサヤグを下二段活用の他動詞と見ることもできます。文法的な整合性を重視すれば，このように解釈する方が自然です。しかしそう見た場合，ケサヤグは終止形としてそこで切れることになります。私は，ケサヤグを四段活用の連体形と見るのがよいと思います。

(2) 物恋之鳴毛

旅にして物恋之鳴毛聞こえざりせば恋ひて死なまし (万67)

　旅にいて「物恋之鳴毛」聞こえなかったとしたら，恋い焦がれて死んでしまっただろう。
　　試案「群が鳴く音も」
　　試訳「群鳥が鳴く音も」

　これは易しそうに見えて，それほど易しくない難訓です。「物恋之」を「物恋し」と訓みたくなるのです。このように訓むと，あとが続きません。言葉が足らなくなってしまうからです。そこで，「伎尓鶴之」が脱落したと想定して，「物恋しきに鶴が音も」と訓む説があるということですが，これは安易で御都合主義的な考えです。文字の脱落は原則的にないとしたうえで解読を試みるのが基本でしょう。

　私は「物恋」が「物恋しい」ことを漢字表記で視覚的に表しただけであると思います。そして，これを次のように訓んでくれないかと作者がいっているように思います。

物 (mıuət-mıuʌt)
　　　　　　　　 = ムラ (群)
恋 (lıuan-lıuɛn)

　ムラ (群) はこの歌の中ではムラドリ (群鳥)，すなわち「鳥の群れ」を表しています。このムラ (群) が「之鳴毛」につながっているのですが，「鳴」をどう訓むかが問題になってきます。「群が鳴くも」と訓むと字足らずになります。「群が音」と訓んでも同じです。第2句を通常の7音に訓もうとすると，どうしても「群が鳴く音も」と訓まざるをえなくなります。

　このように訓んでもらいたかったら，もっと親切な表記をして

もらいたいものです。しかし，作者はちょっとした謎掛けをした
のかもしれません。

(3) 已具耳矣自得見監乍共

みもろの三輪(みわ)の神杉(かむすぎ) 已具耳矣自得見監乍共 寝ねぬ夜ぞ多き
（万156）

三輪山の神木の杉の木「已具耳矣自得見監乍共」眠れない夜が
多い。

試案「如何(いか)にか報(むく)ひ見らねども」

試訳「どういうわけか私が受けるべき報いを見ていないのに」

この歌は，天武天皇の皇女である十市皇女(とほちのひめみこ)（母親は額田王(ぬかたのおほきみ)）が
宮廷で急逝したときに，壬申の乱で十市の夫を攻めた武市皇子(たけちのみこ)（天
武天皇の皇子）が詠んだ歌です。罪の意識は感じていないのに眠
れない夜が多い，といった作者の心境が伝わってきます。

冒頭の「みもろの」は「三輪」に係る枕詞です。これに続く「三
輪の神杉」は神聖な三輪山に繁茂しているまさに神の杉だから，
何もかもお見通しだという意味がそこに込められています。

これに続く4字は次のように訓めます。「耳矣」を「のみ」と訓む
と，わけがわからなくなります。

已 (ḍiəg-yiei)
具 (gɪug-giu)
耳 (niəg-nei) ＝ イカニカ（如何にか）
矣 (fɪəg-ɦiei)

このあとの解読は簡単にはいきません。まず，「自得」を「自業
自得」の意味にとらえてムクヒ（報ひ）と訓まねばなりません。こ

れは「自得」の日本語特有の意味です。「見」は音読みにしてミ（見）
となります。次の「監(klam-kǎm)」は「濫(ğlam-lam)」のまち
がいでしょう。だから，これはラネ（らね）になるはずです。最
後の「乍共」は「乍」を無視して「共」をドモ（ども）と訓読みしま
す。そこで第4句は「報ひ見らねども」になります。わかりやす
くいうと，これは「自業自得とは見ていないのに」という意味です。
主語は「三輪の神杉」ですが，作者の高市自身がそう思っている
ことを表しています。

　なお，「監」と「濫」はもともと同源の語ですが，前者は二重子音
klのlを失い，後者は二重子音ğlのğを失いました。直前の「見」
の字につられてうっかりと「監」にしてしまったのだと思われま
す。それにしても，ここに取りあげた歌は文字表記もさることな
がら，1句ごとの音数が破格です。

(4) 智男雲

　燃ゆる火も取りて包みて袋には入るといはずやも　智男雲（万
160）

　燃えている火でも，手に取って包んで袋に入れるというではな
いか「智男雲」。
　試案「幻の業」
　試訳「幻術士が使う魔術」

　この歌は，天武天皇が崩御した西暦686年に持統天皇が死ん
だ人を生き返らせる魔術はないものかと詠ったものです。陰陽師
による代作だともいわれています。

　それにしても，「智男雲」は何のことだかさっぱりわかりません。
そこでとりあえず，これをよく似た音を有する別の語に替えてみ

158

ましょう。

智 (tieg-ṭɪě)　　　　術 (diuət-dʒɪuět)
男 (nəm-nəm)　＝　業 (ŋɪǎp-ŋɪʌp)
雲 (fɪuən-fɪuən)　　宇 (fɪuag-fɪuo)
◆術業（ジュツギョウ）は「技術と学芸」，業宇（ギョウウ）は「学識と気宇」
の意。

　こんなふうに言葉を入れ替えてみたところで，何かがわかるわ
けではありません。しかし何となく，「魔術」とか「幻術」とかいっ
た意味が浮かんできます。作者はそこから7音の和語を想像せよ
といっているみたいです。これは頓智以外の何物でもないと思っ
て，「幻の業」という言葉を考えてみました。作者がこれを正解
と見るかどうかはまったくわかりません。

　ちなみに，マボロシ（幻）という語は，中国語の魔法（マホウ）
と霊子（レイシ）とを合わせて作った言葉です。そして，「魔術を
使う道士」がその原義であり，「幻影」はその派生義です。

(5) 舟公宜奴嶋尓

　御津の崎波を恐み隠り江の舟公宜奴嶋尓（万249）
　難波の御津の崎の波が恐ろしいので，こもり江の「舟公宜奴嶋
尓」
　試案「舟笠縫島に」
　試訳「舟は笠縫の島に」

　この歌は，柿本人麻呂が瀬戸内海の旅をしている途中で悪天候
に見舞われ，舟があちこちにさまよい進む情景を詠んだ一連の歌
の1つです。
　この歌の難訓は簡単に解けます。「舟公宜奴嶋尓」の「舟」はフネ

（舟），「嶋」はシマ（島），「尓」は格助詞のニ（に）を表します。そして，「公宜奴」は次のようになります。

公（kuŋ-ɦuŋ）
宜（siuan-siuɛn）＝ カサヌヒ（笠縫）
奴（ヒ）

　このように人麻呂は「公」をカ，「宜」をサヌと読ませようとしています。そして，「召使」を表すヒ（奴）をカサヌヒのヒを表すのに使っています。
　ところで，「笠縫の島」は次の歌にも出てきます。「四極山うち越し見れば笠縫の島漕ぎ隠る棚なし小舟」（万 272）。四極山は摂津の四極山だといわれていますから，人麻呂が乗った船は大阪湾の沿岸にまで来ていたことになります。笠縫の島は，いまは周りの海がすっかり陸地になってしまって影も形もないはずです。

(6) 邑礼左変

　思はぬを思ふと言はば天地の神も知らさむ 邑礼左変（万 655）
　思わないのを思うと言ったら，天地の神もお見通しでしょう。「邑礼左変」。
　試案「言はれさむ」
　試訳「おっしゃるでしょう」

　この難訓は次の対応から解読できます。

邑（・ɪəp-・ɪəp）
礼（ler-lei）
左（tsar-tsa）　　＝ イハレサム（言はれさむ）
変（plɪan-pɪɛn）

160

イハレサムのサは尊敬を表す助動詞ス（す）の未然形で，イハ
レサムのムは推量を表す助動詞ム（む）の終止形です。したがって，
イハレサムは「おっしゃるでしょう」という意味になります。

なお付言しておくと，イハレサムのハは上下の唇を合わせて発
音するɸaの音で，ɸは「邑」のpと似ています。そして古代日本
語のサ行子音はtsであったと私は考えていますので，イハレサ
ムのサは「左」の中国語音tsaと同じということになります。

(7) 指進乃

指進乃 栗栖の小野の萩の花散らむ時にし行きて手向けむ（万
970）

（指進乃）栗栖の小野の萩の花が散る頃にこそ，行って手向け
をしたいものだ。

試案「蹇の」

試訳「足が悪くて歩くのがままならない」

この歌は西暦731年に大納言の大伴旅人が故郷を思いながら
作ったものです。病中の作といわれています。

「指進乃」は地名のクルス（栗栖）に係る枕詞ではないかといわ
れますが，そうではないと思います。「指進」の字面を見てくださ
い。「指で進む」と書いてあります。普通なら「足で進む」ものなの
に「指で進む」というのは，「足が悪いから指で何かをつかんで進
む」ということを表しているのではないでしょうか。そこで，「指
進」は「蹇」と訓むことができるわけです。これは旅人が考案し
た謎々です。

「指進乃」が「蹇の」であるとして，これは「萩の花」を修飾して

います。萩の花は蹇で自分では峠まで歩いて行くことができない
から，代わって私が萩の花の散るころに手向けをしたい，といっ
ているのです。

　萩の花が散りはじめる季節には何とか歩けるまでに回復してい
ることを願っていた旅人でしたが，この年の7月（陰暦）にこの
世を去りました。

(8) 漸〃志夫乎

　沖つ梶　斬〃志夫乎　見まく欲り我がする里の隠らく惜しも（万
1205）

　沖を行く船の梶は「漸〃志夫乎」，私が見たいと思う里の隠れ
るのが惜しいことだ。

　試案「徐徐しぶか」

　試訳「（船を）ゆっくりと進めていってしまうなあ」

　この難訓は中国語との比較を試みると簡単に解読できます。

徐（ǧiag-yio）「ゆっくり」
徐（ǧiag-yio）「ゆっくり」＝ヤクヤクシブ（徐徐しぶ）
進（tsien-tsiĕn）「すすむ」
　◆徐徐（ジョジョ）は「ゆるゆると・ゆっくりと」の意で，ヤクヤクに対応。
　　ヤクヤクはヤウヤクの古形。徐進（ジョシン）は「ゆっくりと進む」こと。
　　なお，「進」は日本語でシンあるいはシムとなりそうなところだが，「志夫」
　　は「夫」に合わせてシブと訓む。

　ここに取りあげた歌は柿本人麻呂の作です。この歌だけからし
ても，人麻呂の中国語に対する造詣の深さがうかがえます。なお，
「漸〃志夫」はヤクヤクを形容詞化したヤクヤクシをさらに動詞
化したヤクヤクシブと見る説がありますが，あたっていません。

162

(9) 定而神競者磨待無

天の川安の川原に 定而神競者磨待無 (万 2033)

天の川の安の川原に「定而神競者磨待無」

試案「定まりて神競ふ者待たむ」

試訳「いつも決まって，神みたいに勢いこんでやってくる人を
待っていたい」

この歌は，天の河を中に隔てた牽牛星と織女星とが年に 1 度
だけ逢い引きをするという七夕伝説を題材にしながら，柿本人麻
呂がそれをもじって作ったものです。

ここでの難訓を解読するポイントは 2 つあります。1 つは，「神
競者」の「者」をどう訓むかです。もう 1 つは，「磨待無」の「待」を
どう訓むかでしょう。

「神競者」の「者」を「～は」の意味，あるいは「～ば」の意味だと
決めつけてしまうと，にっちもさっちもいかなくなります。これ
は「人・者」の意味です。

「磨待無」に関しては「待」をマツ（待つ）と訓みたくなりますが，
そう訓むと「磨」をミガク（磨く）と訓むことになります。そうす
ると，「磨き待たむ」あるいは「磨きて待たむ」となりそうですが，
いまひとつピンときません。これは，字足らずになりますが，次
のように訓んだ方がよさそうに思われます。

磨 (muar-mua)
待 (dəg-dəi)　　= マタム (待たむ)
無 (mɪuag-mɪuo)

人麻呂は織女星の立場からこの歌を詠んでいるようです。全体
をわかりやすくざっと訳すと，「私はいつも天の河の安の川原に
いて，神業を使って一番乗りでやってくる人を待っているわ」の

ようになります。

(10) 恨登思狭名盤在之者

恨登思狭名盤在之者 よそのみぞ見し心は思<ruby>思<rt>おも</rt></ruby>へど（万 2522）

「恨登思狭名盤在之者」，よそにばかり見ていました，心は思っ
ているのですが。

試案「<ruby>恨<rt>うら</rt></ruby>めしと<ruby>顰<rt>しか</rt></ruby>め <ruby>見<rt>み</rt></ruby><ruby>成<rt>な</rt></ruby>しし<ruby>者<rt>もの</rt></ruby>」

試訳「いったいどういう人かと，眉をひそめながら見ていた人」

この難訓の「恨登」は「恨めしと」であることがすぐわかります。
そして次の「思狭名」についても，次のような対応関係を簡単に
予想できます。

思（siəg-siei)
狭（ɦăp-fiʌp)　＝ シカメ（顰め）
名（mieŋ-miɛŋ)

「盤在之者」に関しては，「盤」をミナと訓むことがなかなかわか
りませんでした。

盤（buan-buan)
在（dzəg-dzəi)
之（tiəg-tʃiei)　＝ ミナシシモノ（見成しし者）
者（もの）

ミナシ（見成し）は四段動詞の連用形で，その次のシ（し）は回
想の助動詞キ（き）の連体形です。

ここに取りあげた歌は，「変な奴と思っていたけど，あなたの
ことを思っているのよ」という微妙な女心を詠った相聞歌です。

(11) 往褐

玉垂の小簾の垂簾を 往褐 眠は寝さずとも君は通はせ（万 2559）

玉を垂れた簾を「往褐」，お寝みなさらなくても，あなたはお通いください。

試案「往きがてり」

試訳「どこかへ行くついでに」

「往褐」の「褐」がどうして「がてり」になるのだといわれそうですが，こう訓むのが意味的にいちばん自然だから，としかいえません。ちなみに，「……恋作居寸君待香光」（万 370）を「恋ひつつ居りき君待ちがてり」と訓む例があります。

(12) 東細布

東細布 空ゆ引き越し遠みこそ目言離るらめ絶ゆと隔てや（万 2647）

「東細布」が空を通って向こうへ遠く越えて行くように，遠いからこそ，逢うことも言葉を交わすことも疎遠なのでしょう。絶えてしまおうとして間を隔てているのでしょうか。

試案「疾風」

試訳「速く激しく吹く風」

「東細布」は，中国語の疾（dziet-dziĕt）- 風（pluəm-pıuŋ）を和語にしようとした語だと思います。

東（tuŋ-tuŋ）
細（ser-sei）＝トセフ（疾風）
布（pag-po）

トセフ（疾風）という言葉は，ハヤチ（疾風）やハヤテ（疾風）と

いう語があったため普及しませんでした。この歌で 1 回使われ
ただけかもしれません。なお，トセフカゼ (疾風) というのはハ
ヤチカゼ (疾風) やハヤテカゼ (疾風) と同じいい方です。

(13) 中見刺

梓弓 弓束巻き替へ 中見刺 更に引くとも君がまにまに (万 2830)

　梓弓の弓束を巻き替え，「中見刺」，また引き寄せようとも，ど
うぞあなたの心のままに。
　　試案「摑み指し」
　　試訳「弓束をつかみ矢をつがえて」

　この歌には，弓に寄せて思いを喩えたものという添え書きが
載っています。「弓束を巻き替える」というのは左手で弓をつかむ
部分に巻いてある皮などを新しく取り換えることですが，ここで
は別の女性に乗り換えることを暗示しています。
　さて，「中見刺」の「刺」は「サシ」であろうと見当がつきますが，
問題は「中見」です。これを「ナカミ」と訓んだら何のことだかさっ
ぱりわかりません。次のような対応を想定するとうまくいきそう
です。

中 (tɪoŋ-ṭɪuŋ)
見 (ɦãn-ɦen)　＝ ツカミ (摑み)

◆中国語の語末の n はしばしば日本語でナ行音やマ行音になる。

　この歌の中で作者は，「私は梓弓の弓束を巻き替えて，弓束を
つかみ，矢をつがえて，弓を引こうとしていますが，あとはあな
たの気持ち次第です」と露骨に迫っています。この歌によって作
者が思いを遂げたかどうかは不明です。

166

(14) 等望使念

我が心 等望使念 新た夜の一夜も落ちず夢に見えこそ（万2842）

　私の心は「等望使念」，これからの夜，ひと晩も欠かさず夢に現れてください。

　試案「燈さなも」

　試訳「燈してほしい」

　この難訓は次のように簡単に訓めます。これがどうして難訓の扱いを受けるのかわかりません。

等（təŋ-təŋ）
望（mıaŋ-mıaŋ）
使（sïəg-şïei）　＝ トモサナモ（燈さなも）
念（nem-nem）

　トモサナモのナモは希望を表す終助詞で未然形を承けます。トモサは四段動詞トモス（燈す・点す・炷す）の未然形です。なお，トモサナモの目的語は第1句の「我が心」です。したがって，それを「私の心は」と訳すのではなく，「私の心を」と訳さなければなりません。

(15) 汗瑞能振

冬ごもり 春さり来れば 朝には 白露置き 夕には 霞たなびく

汗瑞能振 木末が下に うぐひす鳴くも（万3221）

　（冬ごもり）春になると，朝には白露が置き，夕には霞がたなびく。「汗瑞能振」梢の木陰で鴬が鳴くよ。

　試案「風の震る」

　試訳「風が震える」

　この難訓も次のように容易に解けますが，「振」は訓読みしなければなりません。

汗（fian-fian)
瑞（dhiuar-ʒiuě)　＝ カゼノフル（風の振る）
能（nən-nən)
振（ふる)

　フル（震る・振る）という動詞は「小きざみに動く・震えるように動く」という意味で，波や風や地震などの動きを表すのによく用いられました。ここでは，「風の吹く」と訓むよりも「風の振る」と訓む方がよいと思います。

(16) 日向尓行靡闕牟

　ももきね 美濃の国の 高北<ruby>高北<rt>たかきた</rt></ruby>の くくりの宮に 日向尓 行靡闕牟 ありと聞きて 我が行く道の 奥十山<ruby>奥十山<rt>おきそやま</rt></ruby> 美濃の山 なびけと 人は 踏めども かく寄れと 人は突けども 心なき山の 奥十山 美濃の山（万3242)

　（ももきね）美濃の国の，高北のくくりの宮に，「日向尓行靡闕牟」，ありと聞いて私が行く道の，奥十山，美濃の山。なびいて低くなれと人は踏むけれども，こんなふうに寄れと人は突くけれども，心ない山の，奥十山，美濃の山。
　試案「日向<ruby>日向<rt>ひむかひ</rt></ruby>に行<ruby>行<rt>ゆ</rt></ruby>き靡<ruby>靡<rt>なび</rt></ruby>くる門<ruby>門<rt>かど</rt></ruby>」
　試訳「東の方向に行<ruby>行<rt>ゆ</rt></ruby>き靡<ruby>靡<rt>なび</rt></ruby>かせる宮門<ruby>宮門<rt>みかど</rt></ruby>」

　この歌は，昔あったという宮殿に通じる宮門<ruby>宮門<rt>みかど</rt></ruby>を探して美濃の山奥に分け入る様子を詠んだものです。
　ここの難訓の中の「日向尓」は「日向に」と簡単に訓めます。「行

靡闕牟」は簡単ではありません。次の句が「ありと聞きて」となっているので，何かがあるはずです。その何かとは「闕」です。この語は日本語との間に次の対応関係が認められます。

闕 (kʰıuăt-kʰıuʌt)「宮門」= カド (門)

このように「闕」がカド (門) であるとして，「行靡」はどうなるのでしょう。「行」が「行く」，「靡」が「靡く」であれば，「行き靡く」とひとまずは想定できます。しかし，「行き靡く門」は変です。これでは，宮門が宮殿まで靡いて行くことになってしまいます。宮門は靡くものではなく，靡かせる存在です。つまり，そこを通って東の方へ行けば宮殿にたどり着く入り口です。ですから，「行靡闕牟」は「行き靡かせる宮門」という意味を表しているはずです。そこで問題は，それをどう訓むかです。正しい訓読は「行き靡くる」です。四段活用の自動詞「靡く」ではなく，下二段活用の他動詞「靡く」の連体形にしなければならないのです。「牟」は強意的な黙字と見てよいでしょう。

　補足があります。まず，難訓に続く部分の意味がわかりにくいので，私流に訳してみます。「我が行く道の奥そ山よ，美濃の山よ，私を靡いてくれといって人は踏みこむけれども，こういうふうに靡いて行こうと思って人は突き進むけれども，心ない山の奥十山よ，美濃の山よ」となります。

　こういうふうに歌を解釈するには，2つの箇所で従来の訓読を改めなければなりません。1つは，「靡得」の訓みを「靡けよと」に改めることです。下二段活用の他動詞「靡く」の命令形は「靡けよ」です。もう1つは，「如此依等」の訓みを「かく依らむと」に改めることです。

(17) 中麻奈

中麻奈 に浮きをる舟の漕ぎ出^でなば逢ふこと難し今日にしあらずは（万3401）

「中麻奈」に浮いている舟が漕ぎ出して行ったら，逢うことはむずかしい。今日でなかったら。

試案「津門^{つまな}」

試訳「関所のある渡し場」

「中麻奈」は中国語の津門（ツモン）に対応する和語です。

津（tsien-tsiĕn）「渡し場」
門（muən-muən）「かど」　＝ ツマナ（中麻奈）
　◆津門（ツモン）は「関所のある渡し場」の意。

ツマナは味わい深い響きがします。しかしこの語は渡し場の関があってこそ存在しえる言葉です。この語がどれほど流布していたか不明ですが，はじめから死語になることが運命づけられていたように思われます。あちこちの地名を探しても，ツマナという地名は見つかりません。

(18) 世欲奈可中次下於毛比度路久麻許會之都等

伊香保^{いかほ}せよ 奈可中次下 おもひどろくまこそしつと 忘れせなふも（万3419）

伊香保「せよ奈可中次下おもひどろくまこそしつと」忘れられないよ。

試案「（伊香保）水浴中^{せよなか}つ寺家^{じげ}思^{おも}ひどろ熊樟^{くまこそ}の都^{みやこ}と」

試訳「（伊香保で）湯浴みしたこと，真ん中にある神社のことを思い続けてきた。大樟の生える都だと」

170

この歌でわかっていたのは，冒頭の「伊香保」と最後の「忘れせなふも」だけでした。残りはちんぷんかんぷんで，手のつけようのない難訓だと思いながらも，伊香保への旅が忘れられないことを詠った歌ではないかと見立てたうえで，次のような解読を試みました。

世（thiad-ʃiɛi）
欲（ĝiuk-yiok）　＝ セヨ（水浴）
　◆セヨは水浴（スイヨク）に対応する語。歌の中では「湯浴み」の意。

奈（nad-nai）
可（kʰar-kʰa）
中（tioŋ-ʈiuŋ）　＝ ナカツジゲ（中つ寺家）
次（tsʰier-tsʰii）
下（ɦăg-ɦiã）
　◆ナカツジゲのナカツは「中つ」で「真ん中」の意。ジゲは「寺家」で「寺院・神社」の意。

於（·ɪag-·ɪo）
毛（mɔg-mau）
比（pier-pii）　＝ オモヒドロ（思ひどろ）
度（dak-dak）
路（ĝlag-lo）
　◆オモヒドロは，オモフに継続を表す助動詞タリが付いたオモヒタリの上代東国方言で，「思ってきた」という意味を表していると考えられる。

久（kɪuəg-kɪəu）
麻（măg-mă）
許（xɪag-xɪo）
曾（dzəŋ-dzəŋ）＝ クマコソノミヤコト（熊樟の都と）
之（の）
都（みやこ）
等（təŋ-təŋ）
　◆クマコソはクマクスの上代東国方言で，「大きな樟」の意であると考えられる。

　伊香保の中心に温泉街があります。あの石段を登りきった奥に伊香保神社があって，そこには出湯の神として大己貴命と少彦命が祭られています。歌の作者が湯浴みをしたあとで参拝したのはこの神社であったと想像されます。歌全体を訳すと，こんなふうになります。「伊香保水浴したこと，真ん中の神社のこと，思い続けてきたよ。大樟の生える都だと忘れはしないよ」。

(19) 多我子尓毛

　過所なしに関飛び越ゆるほととぎす 多我子尓毛 止まず通はむ（万3754）

　手形なしに関所を飛び越えるホトトギス，「多我子尓毛」，絶えず通ってゆこう。

　試案「誰が子にも」

　試訳「誰の子供にも」

　「多我子尓毛」は，「我子」を「我が子」と思いこむと難訓です。そう思わなければ難訓ではありません。思いこみは禁物です。

(20) 刺部重部

　　信巾

　　裳成者之

　　寸丹取為支

　　屋所経

　　如是所為故為

　みどり子の 若子髪には たらちし 母に抱かえ 襁褓の はふこ髪には 木綿肩衣 ひつらに縫ひ着 頸つきの 童髪には 結ひ幡の 袖付け衣 着し我を にほひよる 児らがよちには 蜷の腸 か黒し髪を ま櫛もち ここにかき垂れ 取り束ね 上げても巻きみ 解き乱り 童に

なしみ さ丹つかふ 色なつかしき 紫の 大綾の衣 住吉の 遠里小野の ま榛もち にほほし衣に 高麗錦 紐に縫ひ付け 刺部重部 なみ重ね着て 打麻やし 麻績の子ら あり衣の 宝の子らが 打つたへは 綜て織る布 日ざらしの 麻手作りを 信巾裳成者之寸丹為支屋所経 稲置娘子が 妻問ふと 我におこせし 彼方の 二綾裏沓 飛ぶ鳥の 明日香壮士が 長雨忌み 縫ひし黒沓 刺し履きて 庭にたたずめ 罷りな立ちと 障ふる娘子が ほの聞きて 我におこせし 水縹の 絹の帯を 引き帯なす 韓帯に取らせ わたつみの 殿の甍に 飛び翔る すがるのごとき 腰細に 取り飾らひ まそ鏡 取り並め掛けて 己が顔 かへらひ見つつ 春さりて 野辺を巡れば おもしろみ 我を思へか さ野つ鳥 来鳴き翔らふ 秋さりて 山辺を行けば なつかしと 我を思へか 天雲も 行きたなびく かへり立ち 道を来れば うちひさす 宮女 さす竹の 舎人壮士も 忍ぶらひ かへらひ見つつ 誰が子そとや 思はえてある 如是所為故為 古 ささきし我や はしきやし 今日やも 児らに いさにとや 思はえてある 如是所為故為 古の 賢しき人も 後の世の 鑑にせむと 老人を 送りし車 持ち帰りけり 持ち帰りけり（万3791）

　赤ん坊の赤子髪の時には，（たらちし）お母さんに抱かれ，むつきに巻かれる幼な髪の時には，木綿の肩衣を表裏一枚で縫ったのを着，首にとどいた童髪の時には，絞り染めの袖の付いた衣を着た私だが，紅顔うつくしいあなた方と同じ年頃には，（蜷の腸）真っ黒な髪を，櫛で解いてはここまで垂らし，手に取って束ねて巻き上げたり，解いてばらばらにして童髪にしたり，赤みがかった色も心惹かれる紫の大模様の衣や，住吉の遠里小野の榛で染め上げた衣に，高麗錦を紐として縫いつけ，「刺部重部」，一緒に重ね着て，（打麻やし）麻績の娘子ら，（あり衣の）宝の娘子らが，杵で打った栲は縦糸を整えて織った布，日に曝した麻手作りの布を，「信巾

裳成者之寸丹取為支屋所経」，稲置娘子が，求婚するとて私に贈っ
てよこした遠方の二色綾の足袋，（飛ぶ鳥の）明日香の男が長雨を
忌んで家で縫った黒沓，それらを履いて庭に立っていると，帰ら
ないでと引き留める娘子が，薄々聞いて私によこした空色の絹の
帯を，引き帯のように韓帯に取らせ，海神の宮殿の屋根に飛び翔
る蜂のような細い腰に付けて飾り，鏡を並べ掛けては，自分の顔
を振り返って何度も見る。春になって野辺を遊びまわると，私を
素敵だと思ってか，野の鳥までもやって来て鳴いて翔る。秋になっ
て山辺を行くと，なつかしいと私を思ってか，空の雲もたなびい
ている。帰り道を来ると，（うちひさす）宮仕えの女，（さす竹の）
舎人の男たちも，こっそりと振り返り見ながら，どこのどなたか，
と思っておられる。「如是所為故為」，昔は盛んであった私は，あ
れあれ，今日はあなたがたに，ほんとかしらねなどと思われてい
る。「如是所為故為」，昔の賢人も，後の世の手本にしようと，老
人を送った車を持ち帰ったものだった，持ち帰ったものだったよ。

　試案「刺し結び」

　「敷き」

　「裳成す者の」

　「脛に取り成し」

　「屋敷より」

　「かくの如く所為は故為なり」

　試訳「刺し結んで」

　「広げて」

　「裳をまとった者の」

　「脛に取り付けて」

　「自分の家から」

　「このように私が行った事はとっくに済んだ事だ」

　柿本人麻呂の歌には訓みにくい箇所が目に付きますが，その主な理由は人麻呂が漢字の音読みと訓読みを自在に，あるいは自己流に混ぜ合わせていることにありそうです。この歌についていうと，「刺部重部」の「刺」は訓読みを利用して「刺し」と訓ませ，「部重部」は音読みを利用して「結び」と訓ませようとしています。また，「寸丹」の「寸」は音読みから「脛」と訓ませ，「丹」は訓読みから助詞の「に」と訓ませています。一方，「屋所経」は漢字表記から「屋敷より」と訓むことを求めているようです。しかしこういう表記は，別の訓読も許すような表記のように思われます。

(21) 領為

あきかへ　　　　　みのり　　　　　　　　　　あ　したごろも　たま
商返し 領為 との御法あらばこそ我が下衣返し賜はめ（万 3809）

　商いの取り消しを「領為」という法令があるのだったら，私の下衣をお返し下さって良いでしょう。

　試案「領らす」
　　　　　　し

　試訳「認可する」

　シラス（領らす）は「領有する・統治する」を意味するシル（領る）に尊敬を表す助動詞のス（す）が付いた形です。ここでは，「統治するための法令としてお定めになる」という意味ですが，「認可する」と訳した方がわかりやすいでしょう。

(22) 葉非左思所念

ひとだま　　　　　を　　　　　　　　　　　　　　　　　あま よ
人魂のさ青なる君がただひとり逢へりし雨夜の葉非左思所念
（万 3889）

　人魂のまっ青な君が，ただ一人で出逢った雨の夜の「葉非左思所念」。

試案「闇そ思はるる」
試訳「闇が思われる」

この難訓の中の「葉非左」は次のように訓めます。

葉（ɖiap-yiep）
非（pɪuər-pɪuəi）＝ ヤミソ（闇そ）
左（tsar-tsa）
　◆ヤミソのソは係り結びを作る助詞ゾ（ぞ）の古形。

「思所念」は「思」が「思う」という意味で，「所念」が「思い」という意味です。上からの続きを考慮して，しかるべく訓めということでしょう。そこで，「思はるる」となります。「るる」は自発を表す助動詞ル（る）の連体形で，「闇そ」のソとともに係り結びを形成しています。

(23) 歌乞
大船の上にしをれば天雲のたどきも知らず 歌乞 我が背（万3898）

　大船の上で揺られているので，（天雲の）頼りなくどうしようもない。「歌乞」わが君よ。

　　試案「歌はせ」

　　試訳「歌いなされ」

「歌乞」は「歌を歌ってください」という意味でしょう。「歌はせ」は尊敬を表す助動詞ス（す）の命令形を用いた表現です。これが唯一の訓読かどうかわかりませんが，このように訓むと第5句が7音になります。

(24) 我家牟伎波母

白玉の五百つ集ひを手に結びおこせむ海人はむがしくもあるか
一に云ふ，「我家牟伎波母」（万4105）

真珠のたくさんの玉を手にすくい取り，こちらによこしてくれ
る海人がいたら，ありがたいことなのだが。＜一本の「我家牟伎
波母」と言う＞

この歌は万葉集の編纂者である大伴宿祢家持の作です。興に乗
じて作ったという添え書きがあります。

難訓を考える前に，「むがしくもあるか」のムガシという形容詞
の起源を示しておきましょう。

望 (mıaŋ-mıaŋ)「のぞむ」
　　　　　　　　　　　　＝ ムガシ（むがし）
外 (ŋuad-ŋuai)「そと」
　◆望外（ボウガイ）は「期待していた以上によい」こと。ムガシもこれと同義。

さて，問題は「我家牟伎波母」ですが，私は気づきました。興
に乗じて作ったのはこっちの方だと。家持は，ひょっとしたら別
人であったかもしれませんが，「むがしくもあるか」をちょっとふ
ざけて別の表現に変えたのです。これを漢語に直したらどうなる
でしょうか，という気持ちで。だから，まともに受けとめたら駄
目です。私だったら「懇願望外面貌」と答えますが，こういう架
空の言葉に訓を施しても無意味です。ですから，試案も試訳もな
し。放っておきましょう。

☆　　　　　　☆　　　　　　☆

この章を終えるいま，学生の卒業論文を審査していたときのこ

とが思い出されます。審査員の 1 人が「それで結論は何ですか」
という質問をよくしました。いまにして思えば，これは残酷な質
問です。結論として何をいおうとしているのかわからないという
意味ですから。いま私がそんな質問を浴びせられたら，しどろも
どろにこう答えるかもしれません。「文学では何をいうかではな
く，どういうかが大切でしょうが，万葉歌ではどう訓ませるかが
重要だったようです。訓みやすさは，あからさまで，むきだしで，
浅薄であると思われていたふしがあります。反対に訓みにくさは
奥ゆかしく，味わい深いと思われていたふしがあります。それで
も私は，こういう方法で文学性を高めようとするのは王道からは
ずれているように思います」。これが門外漢としての率直な感想
です。

　はじめて目にする世界に胸を躍らせて大和言葉の森の奥深く
まで入りこんでしまいましたが，もう引き返そうと思います。外に
出てもう一度，この森を育みはじめた大昔の人たちのことを考え
てみたいと思います。

第6章　渡来系弥生人のふるさと

　弥生時代の日本で起こった日本語の大変革を私は弥生言語革命と呼んでいますが，本書の最後に，これを引き起こした水稲耕作民がどこから日本にやって来たかについて考えておきたいと思います。こういう問題は考古学や人類学の課題であって，言語学が出る幕ではないと思われるかもしれません。たしかに，言語研究によってそれが解明できるというわけではありません。しかし言葉には過去の遺物に似た側面もありますから，古い言葉の研究を通じてちょっとしたヒントのようなもの，証拠の断片らしきものが得られる可能性はあります。いずれにせよ，私がここで述べることは考古学やDNA研究などには不案内な一言語学徒の意見だと受けとめてください。

1　朝鮮半島ではない

　韓国の研究者たちの多くは朝鮮語がアジアの北方からやって来たと考えています。そして，朝鮮語から日本語が生まれたと考えています。

　一方，日本の研究者は日本語と朝鮮語は系統的につながっていないと思っています。1910年に金沢圧三朗が『日韓両国語同系論』を発表しましたが，現在これを全面的に支持している日本人の研究者はひとりもいません。

　私にいわせると，両方ともまちがっています。拙著『弥生言語革命』(松柏社) で述べたように，朝鮮語は中国語を土台にしてできた言語です。日本語も同じです。だから，朝鮮語と日本語は似ています。似ているのは文法だけで，語彙には共通性が見られないというのが日本人研究者の一致した見解ですが，率直にいって，これは研究不足による誤解です。

　ここで参考のために，同源と見なされる日本語と朝鮮語の組み合わせを 10 例のみ，その本源である中国語とともに示しておきます。

田 fɪam (炎)「もえあがる・やく」
朝 g̊:p-「やく・あぶる」
回 クブ (くぶ)，アブル (炙る)

田 bɪuǎn (繁)「しげる・しげし・回数がおおい」
朝 ma:n-「おおい・たくさんだ・ゆたかだ」
回 マネシ (まねし)

田 mɪuəd (未)「まだ」
朝 mitʃʰɔ「まだ・そこまでは」
回 マダ (未)

田 pɪet (筆)「ふで」
朝 b̥ut「ふで・毛筆」
回 フデ (筆)

田 pʰɛ̌g (派)「わかれ・わかれる」
朝 mok「わけまえ・わりあて・とりぶん」
回 ワク (分く・別く)

田 tsiəm (浸)「しみる・ひたす」
朝 d̥ʒom (しみ)，d̥ʒamgi「水につける・ひたす」
回 シム (浸む)，ソム (染む，初む)

180

囲 thier (矢)「や」
朝 sal「や (矢)」
回 サ (矢)

囲 dhiəg (時)「とき」
朝 dʒɔk「とき (時)」
回 トキ (時)

囲 ḍiar (施)「のびる・のばす」
朝 dʒara-「のびる・そだつ」, tʃul「つる (弦)」
回 ツル／ツラ (蔓), ツル／ツラ (弦)

囲 ḍɿuər (随)「したがう」
朝 ḍeri-「つれる・ひきつれる」
回 ツル (連る)

　日本語と朝鮮語の間には，同源と見なされる語がほかにも非常
にたくさんあります。しかしここで示したいのは，次のような，
意味が同じで同源ではない組み合わせです。

囲 kʰuət (窟)「ほら・あな」＝ 朝 kʰut「くぼみ・あな」
囲 kʰiam (凵)「くぼ」＝ 回 クボ (凹・窪)
囲 kʰuŋ (孔)「あな」＝ 回 アナ (穴)

囲 bieg (避)「さける」＝ 朝 ḅiːk-「よける・さける」
囲 tʰiak (斥)「しりぞける」＝ 回 サク (放く・避く・離く)

囲 pag (餔)「くう」＝ 朝 mɔk-「くう・たべる」
囲 dam (啖)「くう」＝ 回 タブ (食ぶ)

囲 tsiəg (子)「こども」＝ 朝 sɛk'i「こども・ひな」
囲 ŋieg (児)「こども」＝ 回 コ (子・児)

囲 tög (鳥)「とり」＝ 朝 ḍak「にわとり」
囲 tiuər (隹)「とり」＝ 回 トリ (鳥)

田 klăm（鑑）「かがみ」＝ 朝 g̊ɔul「かがみ」
田 kɪǎŋ（鏡）-klăm（鑑）＝ 回 カガミ（鏡）
　◆鑑鏡（キョウカン）は「鏡・反省のためのよすが」の意。

田 klɪăm（剣）「つるぎ」＝ 朝 kʰal「かたな・つるぎ」
田 tsiam（尖）-lɪed（利）-klɪăm（剣）＝ 回 ツルギ（剣）
　◆尖利（センリ）は「鋭く切れる」，利剣（リケン）は「鋭利な剣」の意。

田 g̊lag（路）「みち」＝ 朝 g̊il「みち」
田 muăk（陌）-tsʰen（阡）＝ 回 ミチ（道・路）
　◆陌阡（ハクセン）は「畑の中のあぜ道」の意。

田 g̊lɔk（轢）「ひく」＝ 朝 ki:l-「ひく・ひきずる」
田 mɪuăn（挽）-kʰen（牽）＝ 回 ヒク（引く・曳く・挽く）
　◆挽牽（バンケン）は「ひっぱる」こと。

田 ŋlɔk（楽）「たのしむ」＝ 朝 no:l-「あそぶ・たのしむ」
田 d̊iog（遊）-dziəp（集）＝ 回 アソブ（遊ぶ）
田 thiag（舒）-d̊iug（愉）＝ 回 タノシ（楽し）
　◆遊集（ユウシュウ）は「くつろぎ遊び楽しむ」などの意。舒愉（ジョユ）は「楽
　しむ」こと。

田 fɪlām（嫌）「きらう」＝ 朝 k'ɔ:ri-「きらう」
田 kɪar（譏）-fɪlām（嫌）＝ 回 キラフ（嫌ふ）
　◆譏嫌（キゲン）は「そしり嫌う」こと。

田 fɪuad（会）「あつまる・あつめる」＝ 朝 g̊ɔdu-「あつめる」
田 fɪuad（会）-dziəp（集）＝ 回 アツム（集む）
　◆会集（カイシュウ）は「寄り集まる・寄せ集める」こと。

田 bɪăŋ（平）「たいらか」＝ 朝 b̊anb̊an-「たいらかだ」
田 tʰan（担）-bɪăŋ（平）-lɪok（陸）＝ 回 タヒラカ（平らか）
　◆担平（タンペイ）と平陸（ヘイリク）は「平坦・平地」の意。

田 băr（罷）「やめる・おわる」＝ 朝 ma:l-「やめる・おわる」
田 pɪuăd（廃）-băr（罷）＝ 回 ヤム（止む）
　◆廃罷（ハイヒ）は「止める」こと。ヤムの ya は pya を経た音であろう。

182

田 bɪuak（縛）「しばる」＝ 朝 muk-「たばねる・しばる」
田 siuk（束）-bɪuak（縛）＝ 回 シバル（縛る）
  ◆束縛（ソクバク）は「束ねて縛る・自由を奪う」こと。

田 bɪuaŋ（防）「ふせぐ」＝ 朝 mak-「ふさぐ・さえぎる」
田 bɪuaŋ（防）-sək（塞）＝ 回 フサグ（塞ぐ）
田 bɪuaŋ（防）-tiəg（止）＝ 回 フセク（防ク）
  ◆防塞（ボウサイ）は「とりで・防ぎ止める・塞ぐ」の意。防止（ボウシ）は「防
  ぎ止める」こと。

田 plɪuəm（風）「かぜ」＝ 朝 b̥aram「かぜ」
田 kʰɪəd（気）-tʰiuan（喘）＝ 回 カゼ／カザ（風），カゼ（風邪）
  ◆気喘（キセン）は「あえぎ」の意。

田 pʰɪar（披）「ひらく」＝ 朝 b̥ɔːl-「ひらく」
田 pʰɪar（披）-kʰər（開）＝ 回 ヒラク（開く）
  ◆披開（ヒカイ）は「開く」こと。

田 sǐug（数）「かず」＝ 朝 sak ／ tʃʰok「かず」
田 ker（計）-sǐug（数）＝ 回 カズ（数）
  ◆計数（ケイスウ）は「数える・数値」の意。

田 tsuŋ（総）「ふさ」＝ 朝 soŋ「ふさ・わ（輪）」
田 bɪuǎn（繁）-tsuŋ（総）＝ 回 フサ（総・房）
  ◆繁総（ハンソウ）は「茂った房」の意。

田 tieg（紙）「かみ」＝ 朝 d̥ʒoŋi「かみ」
田 ŋǎn（雁）-bɪar（皮）＝ 回 カミ（紙）
  ◆雁皮（ガンピ）はその繊維から高級な紙を作った落葉低木。

田 tǔk（琢）「みがく・たたく」＝ 朝 d̥ak-「みがく」
田 muar（磨）-kuaŋ（光）＝ 回 ミガク（磨く）
  ◆磨光（マコウ）は「磨きあげる」こと。

田 tʰag（兎）「うさぎ」＝ 朝 tʰokʼi「うさぎ」
田 kɔ̌g（狡）-tʰag（兎）＝ 回 ウサギ（兎）
  ◆狡兎（コウト）は「ずるい兎・すばしこい兎」の意。

田 tʰag（土）「つち」＝ 朝 tʼaŋ「つち（土）・土地」
田 tʰag（土）-dieg（地）＝ 回 ツチ（土）
　　◆土地（トチ）は「地形・土・地面」の意。

田 thiɔg（少）「すくない」＝ 朝 ʤɔːk-「すくない」
田 siɔg（小）-siɔg（小）＝ 回 スコシ（少し），スコシキ（少しき）
　　◆少小（ショウショウ）は「ごくわずか・年が若い」の意。

田 dāp（畳）「たたむ」＝ 朝 ʤɔp-「おりたたむ」
田 tiap（摺）-dāp（畳）＝ 回 タタム（畳む）
　　◆摺畳（ショウジョウ）は「おりたたむ」こと。

　　上に示した例はいわば「異源同義語」です。日朝言語間にはこ
ういう例が非常に多く存在するので，相対的に「同源同義語」が
目立つほどには多くないのです。

　　さて，重要なことは次のことです。すなわち，日朝言語間に「異
源同義語」が多いことは両言語が親子の関係にないことを暗示し
ている，ということです。仮に古代中国語が古代朝鮮語を経由し
て日本語になっていたら，上に示した日本語は基本的に存在して
いないはずです。

　　古代朝鮮語を介して日本語が生まれたのではないことを裏付け
るたしかな証拠をもう 1 つ示しておきます。それは古代中国語
の二重子音が両言語間で異なる対応をするということです。上の
例で中国語の二重子音は朝鮮語で次のように対応しています。

klăm（鑑）→ g̊ɔul（klăm の kl に対応）
klɪăm（剣）→ kʰal（klɪăm の kl に対応）
g̊lag（路）→ g̊il（g̊lag の g̊l に対応）
g̊lɔk（轢）→ kiːl-（g̊lɔk の g̊l に対応）
ŋlɔk（楽）→ noːl-（ŋlɔk の ŋl に対応）
filām（嫌）→ kʼɔːri-（filām の fil に対応）
plɪuəm（風）→ b̥aram（plɪuəm に対応）

　このように朝鮮語では一貫して古代中国の二重子音の間に母音が挿入されて二重子音ではなくなっています。そして ḅaram の場合を除き，二重子音の部分が朝鮮語で 1 語になっています。これに対して日本語では，中国語でもそうですが，二重子音を構成する一方の子音が消失して単子音化しました。次の例でもそうなっています。

囲 mluǝk（麦）「むぎ」＝ 朝 ḅori「むぎ」，mil「こむぎ」
　　　　　　　　　　　回 ムギ（麦）

　古代朝鮮語が日本語形成の仲立ちをしていたとしたら，いま私たちは麦のことをモリとかミルとかといっているはずです。しかし，そうはいいません。このことは古代朝鮮語話者が弥生言語革命の担い手ではなかったことを如実に物語っています。と同時に，古代朝鮮語話者が日本への渡来者ではなかったことを物語っています。日本への渡来が朝鮮半島を経由した可能性を否定することはできませんが，朝鮮半島に生活の根を張って古代朝鮮語を身に付けていた人々が日本にやって来たのではない，とはっきりいえます。

　弥生時代は朝鮮半島の青銅器文化に属する人たちの渡来によってはじまったという考えが有力な説のようですが，言語面に注目すると，こういう考えはどうも怪しく思われます。別の可能性を探ってみる価値がありそうです。

2　南の島でもない

　日本語起源説にはいろいろありますが，これまでにいちばん有力な説であったと私が思うのは北方語（ツングース系言語）と南方語（南太平洋地域のオーストロネシア語族）とが重なりあった

と見る説です。日本語重層説ともいえるこの説は 2 つに分かれます。1 つは，北方語が先にあってそれに南方語がかぶさったと見る説です。この説を唱えた代表格は川本崇雄 (1978) といってよいでしょう。もう 1 つは，南方語の上に北方語がかぶさったとする説で，村山七郎 (1979) がこれを提唱した代表格でした。私がここで取りあげるのは，このような重層説において中核的な存在と見なされていた南島語です。

　南島語は，拙著『弥生言語革命』で明らかにしたように，約 5000 年前に先史中国語話者が台湾に渡り，その子孫が南太平洋に散らばって行く中で形成された言語です。だから，南島語は古代中国語とよく似ています。問題は，南島語話者が日本列島にやって来て，弥生時代の幕を開けたかどうかです。

　南島語は正式にはオーストロネシア語族といわれます。この語族は北は台湾，ハワイ諸島，南はニュージーランド，東はイースター島，西はマダガスカル島にまで至る広大な地域に分布する大言語群であり，少なくとも 500 以上の言語を擁するといわれています。私がここで引きあいに出す南島語は，デンプヴォルフ (1934-38) に記載されている南島祖語に依拠しています。祖語といっても，厳密な意味での祖形ではなく，言語群の中の代表的な語形と見るのがあたっています。

　さて，南島語の語形成には大きな特徴がありますが，それを示す前に次の例を見ておきましょう。

田 kat（割）「わる・われる」＝ 南 gas「われている」

田 kıak（脚）「あし」＝ 南 kakih「あし」

田 kuar（裏）「つつむ・つつみ」＝ 南 karah「かわ・から」
　◆日本語のカラ（殻・軀）はこれらと同源。

囲 mak (膜)「まく」＝ 圃 bəku「凝固した表皮」

囲 puən (本)「もと・はじめ」＝ 圃 punah「はじめ・起源」

囲 pʰer (批)「うつ・ふれる」＝ 圃 paluh「うつ・たたく」

囲 pʰăg (葩)「はな」＝ 圃 buŋah「はな (花)」
　◆日本語のハナ (花・華) はこれらと同源。

囲 pʰĕg (派)「わかれ・わかれる」＝ 圃 paŋah「分岐 (点)」
　◆日本語のワク (分く・別く) はこれらと同源。

囲 tɪog (肘)「ひじ」＝ 圃 sikuh「ひじ・かど・すみ」

囲 dəm (壜)「かめ」＝ 圃 tabu ／ timba「水をくむ容器」
　◆日本語のツホ／ツボ (壺) はこれらと同源。

囲 dɪak (着)「きる・つく」＝ 圃 təkah「つく・到着する」
　◆日本語のツク (着く) はこれらと同源。

囲 dög (調)「しらべる」＝ 圃 duga「しらべる」

囲 ɖɪəm (尋)「ひろ (長さの単位)」＝ 圃 dəpa「ひろ (尋)」

囲 laŋ (郎)「おとこ」＝ 圃 lakih「おとこ・おっと」

囲 lɪar (離)「はなれる・はなす」＝ 圃 laluh「通りすぎる」

　これらの組み合わせの中に日本語と同源の語がいくつか含まれています。これを見ただけでも，南島語と日本語が系統的に無縁でないことがうかがわれます。しかしこれを見ただけでは，その類似性が何によるものかわかりません。つまり，南島語と日本語が中国語を共通の親とする年の離れた兄弟であるがゆえの類似性か，それとも南島語が親で日本語が子であるがゆえの類似性か判断できません。

　南島語では上に示したような形をした語はそれほど多くはありません。大多数は，同源の語を重ねた畳語と，その縮約形です。まず，畳語の例をあげてみましょう。

囲 kuaŋ (広)「ひろい・ひろげる」＝ 南 kaŋkaŋ「ひろげる」

囲 kuǎt (刮)「けずる」＝ 南 kiskis「けずりとる」

囲 gɪəm (擒)「とらえる・とりこ」＝ 南 kamkam「つかむ」

囲 ŋāt (齧)「かむ」＝ 南 ŋatŋat「かじる」

囲 bǎt (抜)「ぬく」＝ 南 putput ／ butbutu「ぬく・むしる」

囲 bɪuǎt (伐)「きる」＝ 南 basbas「きりおとす・うちたおす」

囲 mier (瀰)「はびこる・一面にみちる」＝ 南 pəlpəl「みたす」

囲 miĕt (密)「すきまがない」＝ 南 pətpət「密集している」

囲 pǎn (板)「いた」＝ 南 panpan「いた」

囲 plŭk (剝)「はぐ・はげる」＝ 南 bakbak「樹皮をはぐ」
　◆palpal「はげている」は plŭk の pl に対応する形である。

囲 pʰǎk (拍)「うつ・ぱんとたたく」＝ 南 pakpak「うつ・たたく」

囲 sag (素)「もと・しろい」＝ 南 saksak「しろい」

囲 tsʰieg ／ tsʰiek (刺)「さす・とげ」＝ 南 saksak「さす」

囲 thiɔg (焼)「やく・やける」＝ 南 səgsəg「もえる」

囲 dɪəm (沈)「しずむ・しずめる」＝ 南 subsub「月がしずむ」

　次に，畳語が縮約されている例をあげます。語中の音が脱落す

る場合と，語末の音が脱落する場合とがあります。

囲 ker（継）「つぐ・つづける」＝ 圃 kəkəl「絶え間ない」

囲 kʰəg（咳）「せき・せきをする」＝ 圃 kukak「せき」

囲 kʰɪəd（汽）「ゆげ」＝ 圃 kukut「ゆげ・水蒸気」

囲 kʰɪuət（屈）「かがむ・まげる」＝ 圃 kukut「関節」

囲 bɪăŋ（平）「たひらか」＝ 圃 pəpak「たいらである」

囲 bɪuŋ（逢）「あう・であう」＝ 圃 papag「であう」

囲 ter（觝）「ふれる」＝ 圃 tulis「かるくふれる・かする」

囲 tiɔg（照）「てる・てらす」＝ 圃 dadaŋ「てる・かがやく」

囲 thiag（眤）「ねずみ」＝ 圃 tikut「ねずみ」

囲 ɖiuar（随）「ついていく」＝ 圃 turut「ついていく」

囲 lɔg（労）「つかれる」＝ 圃 lələg「つかれている」

　　上に示した畳語や畳語の縮約形は南島語にあふれるほど存在します。日本語にも畳語はありますが，その数は知れています。日本語の形成に南島語がかかわっていたとすれば，日本語にもっともっと多くの畳語が存在するはずです。

　　ところで，南島語には語源の異なる2語を重ねて作った複合語も数多く存在します。この点は日本語の場合と同じです。しかし次に示すように，日本語の和語と語源が一致する語は例外的にしか見つかりません。

囲 kien (緊)「きつい」
　tıaŋ (張)「はる」 ＝ 南 kəŋcəŋ「ぴんとはっている」

囲 bag (歩)「あるく・あゆむ」
　dag (徒)「一歩一歩とあるく」 ＝ 南 pizak「あゆむ」

囲 muan (満)「みちる」
　dıɔg (潮)「うしお」 ＝ 南 pasaŋ「満潮」

囲 muk (木)「き」
　tıug (株)「かぶ」 ＝ 南 bataŋ「木の幹・樹幹・根株」

囲 m̥əg (海)「うみ」
　săr (砂)「すな」 ＝ 南 pasir「うみずな (海砂)」

囲 pıug (俛)「かがむ」
　tŭk (啄)「ついばむ」 ＝ 南 pa(n)tuk「ついばむ」

囲 pŏg (包)「つつむ・つつみ」
　kuar (裏)「つつむ・つつみ」 ＝ 南 bakul「かご」

囲 pʰıuŋ (峰)「みね」
　teŋ (頂)「いただき」 ＝ 南 pucuk「山頂」

囲 pʰuən (噴)「ふく」
　thiuɔ̆r (水)「みず」 ＝ 南 paŋcu[r]「ふきでる水」

囲 tsʰəg (採)「つみとる」
　bıuăt (伐)「きる・うつ」 ＝ 南 [t]əbas「伐採する」

囲 dzaŋ (蔵)「かくす」
　kab (蓋)「おおう」 ＝ 南 ta(ŋ)kub「おおう」

囲 dzəŋ (嶒)「たかい」
　ŋar (峨)「けわしい」 ＝ 南 tuŋgul「そびえる」

190

田 tiəŋ（抍）「すくう」
　kɪəp（汲）「くむ」 ＝ 南 ca(ŋ)gap「すくいとる」

田 tɪug（拄）「ささえる」
　kieg（支）「ささえる」 ＝ 南 cagak「ささえ・支柱」

田 tuan（端）「はし・はた」
　ləŋ（稜）「かど・すみ」 ＝ 南 səruk「かど・すみ」

田 tuət（絀）「かがむ」
　gɪuk（跼）「かがむ」 ＝ 南 dəkuŋ「かがむ」

田 tʰɪog（抽）「ひく・ぬく」
　bǎt（抜）「ぬく・ぬける」 ＝ 南 cabut「ひきぬく」

田 tʰiuŋ（充）「みちる・みたす」
　kɪəp（給）「たりる・たす」 ＝ 南 cukup「たりる」

田 thiog（手）「て」
　kab（蓋）「おおう」 ＝ 南 dakəp「だく・抱擁する」

田 thiog（手）「て」
　kuŋ（工）「わざ」 ＝ 南 tu(ŋ)kaŋ「手工業者・職人」

田 dəp（沓）「かさねる」
　pɪok（複）「かさねる」 ＝ 南 tumpaŋ「つみかさねる」

田 ləp（拉）「くだく」
　puəg（培）「くだく」 ＝ 南 rəmpak「くだく・くだける」

田 lɪeŋ（令）「おつげ」
　tiɔg（詔）「つげる」 ＝ 南 [r]intaq「命じる」

　このような対応例はほかにもいっぱいありますが，こういう例
を見ていて気づくことが2点あります。1点は，このような二対
一の語形成が本書の35ページ以下で見た日本語の語形成に似て

いるということです。とくに，40ページ以下で見た第2タイプの対応，および48ページ以下で見た第4タイプの対応と語形成の原理が同じです。そしてもう1点は，語形成の原理は同じであっても，日本語と南島語との間で語源の一致がほとんど見られないことです。皆無というわけではありません。たとえば上に示した tu(ŋ)kaŋ「手工業者・職人」は日本語のタクミ（工・匠）と同源と見なされますが，これは例外的な存在です。

　南島語が親で日本語が子の関係にあるならば，両言語間に起源を同じくする語が非常にたくさん存在するはずです。それが目立つほどには見つからないということは，南島語が日本語の形成に関与していないこと，そして渡来系弥生人が南島語話者ではなかったことを物語っています。南島語と日本語は親子ではなく，年の離れた兄弟なのです。

3　南中国ではないか

　渡来系弥生人のふるさとが朝鮮半島でも南の島でもなかったとすれば，それは中国大陸です。これ以外に考えられません。中国大陸から古代中国語話者が渡来して，水稲耕作がはじまり，弥生時代がはじまったのです。

　それにしても，渡来人は中国大陸のどこからやって来たのでしょうか。これは難問です。私が想像するのは長江や浙江の下流域，舟を巧みに操る人々が住む呉や越の国があった地域です。これを言語学的に証明する手立てを私は知りません。おそらく，確たる証拠は見つからないでしょう。しかし，その裏付けとして役立つかもしれないことが2つあります。

　1つは日本語のカハ（川・河）という語に関係があります。中国語には「川」を表す語に，

fiar（河）「かわ」
kйŋ（江）「かわ」
kʰiuɐn（川）「かわ」

の 3 語がありますが，日本語のカハは kйŋ（江）と同源だと考えられます。というのも，ŋ の音はたとえば

ŋăŋ（硬）「かたい」＝ コハシ（強し）
beŋ（瓶）「かめ」＝ モヒ（盌）
thiəŋ（勝）「かつ・たえる」＝ タフ（勝ふ・堪ふ）

のように，日本語のハ行子音によく変化したからです。これは珍しい音変化ではありませんでした。

　このように，カハ（川・河）が kйŋ（江）と同源であるとすると，これは渡来系弥生人の故郷が南中国であるという推定の傍証となりえます。なぜなら，kйŋ（江）はもともと揚子江（長江）を表す南部系の言葉であり，中国の中部では黄河の fiar（河）が「川」を意味する代表的な形態だからです。

　ちなみに，fiar（河）に対応する日本語は見あたりません。一方，kʰiuɐn（川）は北部系でも中部系でも南部系でもありませんが，これが日本語に入ってきてカナやカネなどになっている可能性があります。北陸道の宿駅で，かつて舟運の要地として栄えた金津（かなづ）のカナは kʰiuɐn と同源ではないでしょうか。また，東海道の宿駅で河港でもあった神奈川（狩野川（かのがわ）・かぬ川・金川（かながわ））のカナ／カノ／カヌ）も同源の形態のように思われます。私の推定では，カナガハの起源は「川ぞいの地」を意味する kʰiuɐn（川）-kɪăŋ（境）です。こういう例はほかにもありそうですが，いまはこれを論じているときではありません。

　さて，渡来系弥生人が中国南部の出身者であることを示唆する

もう 1 つの根拠は地名と関係しています。中国の北部では使われない語が日本の地名の構成要素になっていることに気づきました。それは k^hɹag（墟）という語です。古代地名を中心に，私が考える地名の成り立ちを下に示しますが，この中に k^hɹag（墟）を構成要素とする地名がいくつか含まれています。

明石（あかし）＝ m̥əg（海）- ŋan（岸）- tsïək（側）
　◆海岸（カイガン）は「海ばた」，岸側（ガンソク）は「岸べ」の意。

赤穂（あかほ），赤羽根（あかばね）＝ m̥əg（海）- ŋan（岸）- pān（辺）
　◆海岸（カイガン）は「海べ」，岸辺（ガンペン）は「岸のほとり」の意。赤羽根は愛知県の渥美半島にある地。

明日香（あすか）＝ pʰiek（僻）- tsʰuən（村）- k^hɹag（墟）
　◆僻村（ヘキソン）は「かたいなか」，村墟（ソンキョ）は「村里」の意。明日香は大和国高市郡の飛鳥川上流の地。

東（東国）（あづま・あづま）＝ ɦɹuăn（遠）- tuŋ（東）- pɹaŋ（方）
　◆東方（トウホウ）は「東の方向」の意。東は「東国」を意味したが，その範囲は時代によって異なった。

安房（あは），阿波（あは）＝ m̥əg（海）- pān（辺）
　◆海辺（カイヘン）は「海べ」の意。安房は現在の千葉県南部にあたる旧国名。阿波は現在の徳島県の旧国名。

板付（いたづけ）＝・ok（沃）- dieg（地）- tsʰuən（村）- k^hɹag（墟）
　◆沃地（ヨクチ）は「地味が肥えた土地」，村墟（ソンキョ）は「村里」の意。板付は弥生時代最古の遺跡がある地。

伊丹（いたみ）＝・ok（沃）- dieg（地）- mɹuəd（味）
　◆沃地（ヨクチ）は「肥沃な地」，地味（ヂミ）は「土地の肥えぐあい」の意。伊丹は兵庫県の地名。

出羽（いでは）＝・ɹet（一）- tʰen（天）- pān（辺）
　◆一天（イッテン）は「空全体」，天辺（テンペン）は「空の果て」の意。出羽は東山道の旧国名で，現在の山形県と秋田県。

因幡 ＝ ・iog（幽）- ・ɪəm（陰）- bɪuək（伏）
- ◆幽陰（ユウイン）は「奥深く隠れる」，陰伏（インプク）は「身を隠す」こと。因幡は山陰道の旧国名で，現在の鳥取県東部。

石見 ＝ ḍiuan（縁）- pān（辺）- pɪuɔg（鄙）
- ◆縁辺（エンペン）は「辺境」，辺鄙（ヘンピ）は「かたいなか」の意。石見は山陰道の旧国名で，現在の島根県西部。

石村（磐余）＝ ・ɪəp（邑）- lɪəg（里）
- ◆邑里（ユウリ）は「村里」の意。石村は奈良県桜井市の南西部から香具山の山麓にかけての一帯を指した古代地名。

伊予 ＝ m̥əg（海）- bien（頻）
- ◆海頻（カイヒン）は「海のほとり」の意。伊予は南海道の旧国名で，現在の愛媛県。

加賀 ＝ ŋɪug（隅）- kʰɪŭk（曲）
- ◆隅曲（グウキョク）は「すみ・一隅に偏する」の意。加賀は北陸道の旧国名で，石川県の南部にあたる。

鹿島，香島，柏 ＝ fian（寒）- tsʰuən（村）- bag（歩）
- ◆寒村（カンソン）は「活気のない小さな村」，村歩（ソンポ）は「村里の舟つき場」の意。鹿島は茨城県の海浜の地名。石川県七尾市にも香島津という名の港があった。柏は千葉県北西部，利根川右岸の地。

春日 ＝ fian（寒）- tsʰuən（村）- kʰɪag（墟）
- ◆寒村（カンソン）は「活気のないさびしい村」，村墟（ソンキョ）は「村里」の意。春日は大和国添上郡の郷名。

葛城 ＝ fian（寒）- tsʰuən（村）- lɪag（里）- fiŭŋ（巷）
- ◆寒村（カンソン）は「活気のない小さな村」，村里（ソンリ）と里巷（リコウ）は「村里」の意。葛城は奈良県西部の地。カヅラキはカツラギの古形。

香取 ＝ kɪaŋ（疆）- dhiuar（陲）
- ◆疆陲（キョウスイ）は「国境・辺境」の意。琵琶湖西方に「香取海」があった。また古代には，千葉県と茨城県との間に海が大きく入りこんでいて，「香取海」と呼ばれていた。

賀茂 = kŭŋ（江）- buan（畔）
- ◆江畔（コウハン）は「川のほとり」の意。賀茂と呼ばれる所は各地にある。

軽 = kʰiag（墟）- liəg（里）
- ◆墟里（キョリ）は「荒れ果てた村里」の意。軽は現在の奈良県橿原市にあった古代地名。

越（高志）= ɦăm（鹹）- siăg（潟）
- ◆鹹潟（カンセキ）は「塩気のある浜・干潟」の意。越は越前，越中，越後に分けられる前の北陸道の呼称。干潟が数多く存在したことによる命名であると考えられる。

相模 = tsĭag（阻）- ŋiam（嶮）
- ◆阻嶮（ソケン）は「地形がけわしい・地形がけわしい所」の意。相模は東海道の旧国名で，現在の神奈川県の大部分。なお，サガムはサガミの古形。

佐紀野 = tsʰuən（村）- kʰiag（墟）- ḍiăg（野）
- ◆村墟（ソンキョ）は「村里」の意。佐紀野は平城宮北方の野。

讃岐 = ser（西）- nəm（南）- m̥əg（海）
- ◆西南（セイナン）は「西と南との中間の方角」，南海（ナンカイ）は「南海道」の意。

佐保 = săk（朔）- piaŋ（方）
- ◆朔方（サクホウ）は「北の方向」の意。佐保は奈良市東方の春日山から若草山北麓を通って流れていた佐保川の北岸の地。

早良 = tsʰuən（村）- piuɤg（鄙）- liəg（俚）
- ◆村鄙（ソンヒ）は「いなか」，鄙俚（ヒリ）は「いなかくさい・いなか」の意。早良は福岡市西部の平野の名。紀元前に早良国が存在し，その遺跡が存在する。

志賀 = tsien（津）- ŋan（岸）
- ◆津岸（シンガン）は「渡し場」の意。志賀は大津市北部の地で，志賀津という名の港があった。志賀という地名はほかの所にもある。なお，志賀高原のシガは「じぐざぐして高いさま」を表す dzĭəm（岑）- ŋar（峨）と同源であろう。

信楽 = tsʰuən（村）- kʰɪag（墟）- lɪəg（里）- ɦiŭŋ（巷）
　◆村墟（ソンキョ）は「村里」，墟里（キョリ）は「荒れ果てた村里」，里巷（リコウ）は「村里」の意。斑鳩も同源の地名と考えられる。信楽は滋賀県南部の地。上代，聖武天皇がここに紫香楽宮を営んだ。

周防 = tiog（周）- pān（辺）- ・ɪəp（邑）
　◆周辺（シュウヘン）は「まわり・あたり」，辺邑（ヘンユウ）は「かたいなかの町や村・国境地方の町や村」の意。周防は山陽道の旧国名で，現在の山口県東部。

曽我 = tsʰuən（村）- kʰɪag（墟）
　◆村墟（ソンキョ）は「村里」の意。曽我は奈良県橿原市にある地。なお，伊賀はこれと同源であるように思われる。

田子 = thɪuðr（水）- ŋɛ̆g（涯）
　◆水涯（スイガイ）は「川や海などの岸・水ぎわ」の意。田子は静岡県の海浜の地。富山県にあった多祜浦のタコも同源の語。

但馬 = thiəm（深）- siuðd（邃）- mɪĕt（密）
　◆深邃（シンスイ）は「奥深い」，邃密（スイミツ）は「奥深く静か」の意。但馬は山陰道の旧国名で，現在の兵庫県北部。

丹波 = tiog（周）- ɖiuan（縁）- pān（辺）
　◆周縁（シュウエン）は「ふち」，縁辺（エンペン）は「まわり」の意。丹波は山陰道の旧国名で，現在の京都府がその大半。

多武 = dāp（畳）- pʰɪuŋ（峰）
　◆畳峰（ジョウホウ）は「重なりあう山」の意。多武は奈良県桜井市南方の多武峰のタムと同じだが，語源的には「山並み」を表す言葉であったと考えられる。

秩父 = thɪuðr（水）- tsiad（際）- buan（畔）
　◆水際（スイサイ）は「水ぎわ・岸べ」，際畔（サイハン）は「果て」の意。

津軽 = tsʰuən（村）- kʰɪag（墟）- lɪəg（里）
　◆村墟（ソンキョ）は村里，墟里（キョリ）は「荒れ果てた村里」の意。津軽は日本書紀にも見える郡名で，青森県の西半部にあたる地域。

都留 ＝ tsʰuən（村）- lɪəg（里）
　◆村里（ソンリ）は「村里」の意。都留は甲斐国に置かれた郡。

敦賀 ＝ tsʰuən（村）- lɪəg（里）- ɦĭŭŋ（巷）
　◆村里（ソンリ）と里巷（リコウ）は「村里」の意。敦賀は福井県中部の地。

土佐 ＝ dɔg（迢）- deg（遞）
　◆迢遞（チョウテイ）は「はるかに遠く点々と続く・高く連なる」さま。土佐は南海道の旧国名で，現在の高知県。四国山脈を越えた遠隔地であることに根ざした地名であろう。

鳥羽，志摩，須磨，諏訪 ＝ thiuɐr（水）- pān（辺）
　◆水辺（スイヘン）は「水べ」の意。東京都港区の芝浦のシバや東京都葛飾区の柴又のシバもこれらと同源であろう。

登呂 ＝ den（田）- ĝlɪag（閭）
　◆田閭（デンロ）は「村里」の意。登呂は弥生時代後期の登呂遺跡がある静岡市内の地。

名張 ＝ ・ɪən（隠）- bɪuək（伏）
　◆隠伏（インプク）は「身を隠す」こと。「隠れる」を意味するナバル（隠）はこれと同源で，この名詞形が名張である。

博多 ＝ m̥əg（海）- ŋan（岸）- dug（頭）
　◆海岸（カイガン）は「海ばた」，岸頭（ガントウ）は「岸のほとり・岸べ」の意。博多は福岡市東部の地域。

箱根 ＝ pʰɪuŋ（峰）- kən（根）
　◆峰根（ホウコン）は「山のふもと」の意。箱根は箱根山のふもとにある。

播磨 ＝ pʰiɔg（漂）- lɪog（流）- puar（波）
　◆漂流（ヒョウリュウ）は「漂い流れる」，流波（リュウハ）は「流れる水」の意。播磨は山陽道の旧国名で，現在の兵庫県西南部。

常陸 ＝ piet ／ pied（泌）- tʰog（透）- thiuɐr（水）
　◆泌透（ヒトウ）は「浸透する」，透水（トウスイ）は「水が抜けて通る」こと。常陸は東海道の旧国名で，現在の茨城県の大部分。

198

氷見 = pān（辺）- pɪuðg（鄙）
　◆辺鄙（ヘンピ）は「かたいなか・不便な土地」の意。氷見は富山県北部の
　海浜の地。

布留 = pɪuðg（鄙）- lɪəg（俚）
　◆鄙俚（ヒリ）は「いなか」の意。布留は天理市東部の地。針（三重県）は同
　源の地名と考えられる。

巻向 = puək（北）- piaŋ（方）- xɪaŋ（向）
　◆北方（ホッポウ）は「北の方角」，方向（ホウコウ）は「向き」の意。巻向は
　奈良県桜市北部の地。境界を流れる川（巻向川）の北にあることによる名
　であろう。

三保，三穂 = piɔg（標）- muat（末）
　◆標末（ヒョウマツ）は「物の先端・刀の切先」の意。ちなみに，出雲の東
　の岬にある三保神社の祭神は江戸時代まではミホススミ神だったという
　ことだが，ミホススミのススミの起源は duət（突）- tuan（端）だと考えら
　れる。

三輪 = bɪuǎn（繁）- mog（茂）
　◆繁茂（ハンモ）は「草木が盛んに茂る」こと。三輪は奈良県桜井市の地名。
　原生林である三輪山の西側にある。

武蔵 = bɪuǎn（繁）- tʰiaŋ（昌）- dhieŋ（盛）
　◆繁昌（ハンジョウ）は「草が盛んに茂る・国が富み盛える」，昌盛（ショウ
　セイ）は「盛ん」の意。武蔵は古くは東山道，奈良時代後期以後は東海道
　の旧国名で，現在の東京都と，埼玉県・神奈川県の一部。なお，ムザシ
　はムサシの古形。

陸奥 = muat（末）- tuan（端）
　◆末端（マッタン）は「物のいちばんはし」の意。陸奥は東山道の旧国名で，
　現在の青森県と岩手県の一部。

若狭 = m̥əg（海）- kuək（国）- tɪoŋ（中）
　◆海国（カイコク）は「海に接した国や地方・周囲を海に囲まれた国」，国
　中（コクチュウ）は「国の中・国の全領域」の意。若狭は北陸道の旧国名で，
　現在の福井県西南部。

尾張 ＝ pān（辺）- pɪʊ̌g（鄙）- lɪəg（俚）

◆辺鄙（ヘンピ）は「かたいなか・不便な土地」，鄙俚（ヒリ）は「いなか」の意。
尾張は東海道の旧国名で，現在の愛知県西北部。

　『学研新漢和大辞典』によれば，kʰɪag（墟）は，「昔あったものが
朽ち果ててくぼみだけが残った所」，とくに 3000 年前に殷の都
があった跡である殷墟（インキョ）を表すということです。また
中国の中部と南部では，この語を使って市の立つ小さな町を「…
墟」といったそうです。そしてこの語は村墟（ソンキョ）や墟里
（キョリ）という形で「村里」の意を表しましたが，これが明日香，
春日，葛城，軽，佐紀野，信楽，斑鳩，津軽，敦賀，曽我などの
構成要素になったと私は推定しています。これらの地名とは別に，
甲州街道の宿駅であった大月（山梨県）のツキや古代から開けて
いた高槻（大阪府）のツキなども村墟（ソンキョ）と同源である可
能性が大いにあると思っています。こういう私の考えがまちがっ
ていなければ，渡来系弥生人は中国北部の出身者ではなかったこ
とになりそうです。

　最後に強調しておきたいことがあります。南中国からやって来
たのではないかと私がいっている渡来者は，日本に水稲耕作をも
たらし，弥生言語革命の火蓋を切りそれを推進した人々のことで
す。私は，縄文時代にも日本に渡来した人々がいただろうと想像
しています。そして時代を下れば，中国大陸や朝鮮半島のいろい
ろな所からの渡来があったにちがいないと考えています。

あとがき

　本書の第1章から第3章までは，私の専門分野に属すること
を扱いました。10年以上にわたる研究を短くまとめたものです
から，根も葉もないことを書いたという気はしていません。

　一方，第4章と第5章はまったくの素人芸です。第4章では，
枕詞の多くが漢語の知識をひけらかしたものだと考えて謎解きを
試みました。枕詞に対するこういう接し方がそれなりに功を奏し
たと思っていますが，専門家のみなさんからどういう評価を受け
るかわかりません。第5章での難訓の解読は勢いにまかせて一
気にやり遂げました。楽しい作業でしたが，こういうのを下手の
横好きというのでしょう。

　第6章では渡来系弥生人が古代朝鮮語話者でも南島語話者で
もなく，古代中国語話者であるといいましたが，これは揺るがな
い事実であると断言できます。しかし，彼らが中国大陸南部の出
身者であるという推定には決定的な証拠がありません。カハ（川・
河）という語と地名の成り立ちを拠り所としてこう考えているわ
けですが，地名の起源を正確に突きとめるのは非常にむずかしい
ことです。

　最後になりましたが，本書の出版にこぎつけるまでに多大なご
尽力を賜った松柏社の森信久社長と戸田浩平さんに心から感謝い
たします。ありがとうございました。

　2020年 夏

著 者

参考文献

イケガミ Ikegami, Jirô (1959) The verb inflection of Orok. 『国語研究』第 9 号: 34-73. 国学院大学国語研究会.

——— (1973) Orok verb-stem-formative suffixes. 『北方文化研究』第 7 号: 1-17. 北海道大学文学部付属北方文化研究施設.

池上二良 (1997)『ウイルタ語辞典』北海道大学図書刊行会.

池橋 宏 (2008)『稲作渡来民——「日本人」成立の謎に迫る』講談社.

泉井久之助 (1975)『マライ＝ポリネシア語——比較と系統』弘文堂.

犬養 孝 (2003)『改訂新版 万葉の旅 上』平凡社.

ウエイド Wade, Nicholas (2006) *Before the dawn: recovering the history of our ancestors.* Sterling Lord Litestic. (安田喜憲監修・沼尻由起子訳『5 万年前——このとき人類の壮大な旅が始まった』イーストプレス，2007)

大阪外国語大学朝鮮語研究室編 (1986)『朝鮮語大辞典』(全 2 巻) 角川書店.

王 力 (1997)『同源辞典』商務印書館.

沖縄古語大辞典編集委員会編 (2011)『沖縄古語大辞典』角川学芸出版.

小沢重男 (1968)『古代日本語と中世モンゴル語——その若干の単語の比較研究』風間書房.

——— (1979)『日本語の故郷を探る——モンゴル語圏から』講談社.

大野 晋 (2000)『日本語の形成』岩波書店.

大野 晋編 (2011)『古典基礎語辞典』角川学芸出版.

大野 晋・金関 恕編 (2006)『考古学・人類学・言語学との対話——日本語はどこから来たのか』岩波書店.

大野 晋・佐竹昭広・前田金五郎編 (1990)『岩波古語辞典』(補訂版) 岩波書店.

小畑弘己 (2016)『タネをまく縄文人——最新科学が覆す農耕の起源』吉川弘文館.

カールグレン Karlgren, B. (1949) *The Chinese language: An essay on its nature and history.* The Ronald Press Company. (大原信一・辻井哲雄・相原杲・西田龍雄訳『中国の言語』江南書店，1958)

海部陽介 (2005)『人類がたどってきた道——"文化の多様性"の起源を探る』日本放送出版協会.

——— (2016)『日本人はどこから来たのか？』文藝春秋.

風間喜代三 (1988)「インド・ヨーロッパ語族」亀井孝ほか編著『言語学大辞典』第 1 巻：724-36. 三省堂.

片山龍峯 (2004)『日本語とアイヌ語』(新装版) すずさわ書店.

勝村 公 (2005)『枕詞と古代地名――やまとことばの源流を辿る』批評社.

ガムクレリゼとイヴァーノフ (Гамкрелидзе, Т. В. & Вс. Иванов (1984) *Индоевропейский язык и индоевропейцы*, 1. Тбилиси. (J. Nichols, tr., *Indo-European and Indo-Europeans*, Part I. Mouton de Gruyter, 1995)

川本崇雄 (1978)『南から来た日本語』三省堂.

金 容雲 (2009)『日本語の正体』三五館.

京都大学文学研究科編 (2015)『日本語の起源と古代日本語』臨川書店.

清瀬義三郎則府 (1991)『日本語學とアルタイ語學』明治書院.

キャヴァリ - スフォルツア Cavalli-Sforza, Lugi Luca (1996) *Geni, popol e lingue*. Adelphi Edizioni. (赤木昭夫訳『文化インフォマティックス――遺伝子・人種・言語』産業図書株式会社, 2001)

グレイほか Gray, R. d. et al. (2009) Language phylogenies reveal expansion pulses and pauses in Pacific settlement. *Science* Vol. 323：479-83.

小泉 保 (1997)『縄文語の発見』青土社.

小林昭美 (2006)「日本語と古代中国語」吉田金彦編『日本語の起源を学ぶ人のために』, 176-85. 世界思想社.

近藤健二 (2005)『言語類型の起源と系譜』松柏社.

―――― (2020)『弥生言語革命』松柏社.

西郷信綱 (1975-89)『古事記注釈』(全 4 巻) 平凡社.

斎藤成也 (2007)「遺伝子データから日本列島人の成立を考える」『生物の科学 遺伝』Vol. 61, No.2：34-38. エヌ・ティー・エス.

崎谷 満 (2008)『DNA でたどる日本人 10 万年の旅――多様なヒト・言語・文化はどこから来たのか？』昭和堂.

崎山 理 (1974)『南島語研究の諸問題』弘文堂.

―――― (1978)「南島諸語との系統的関係」『岩波講座 日本語――日本語の系統と歴史』第 12 巻：97-150. 岩波書店.

―――― (1990)『日本語の形成』三省堂.

佐竹昭広ほか編 (1999-2003)『万葉集』(新日本古典文学大系 1・2・3・4) 岩波書店.

―――― (2004)『万葉集索引』(新日本古典文学大系 別巻) 岩波書店.

佐藤洋一郎 (2008)『イネの歴史』京都大学学術出版会.

篠田謙一 (2007)「ミトコンドリア DNA が解明する日本人の起源」『生物の科学 遺伝』Vol. 61, No.2：39-43. エヌ・ティー・エス.

篠田謙一・安達 登 (2010)「DNA が語る『日本人への旅』の複眼的視点」『科学』Vol. 80, No. 4：368-72. 岩波書店.

白川 静 (1996)『字通』平凡社.

鈴木　健 (2000)『縄文語の発掘』新読書社.

田中孝顕 (2004)『日本語の起源——日本語クレオールタミル語説の批判的検証を通した日本神話の研究』きこ書房.

───── (2008)『ささがねの蜘蛛』幻冬舎.

田村すず子 (1996)『アイヌ語沙流方言辞典』草風館.

ダイエン Dyen, I. (1956) Language distribution and migration theory. *Language* Vol. 32, No. 4：611-26.

───── (1971) The Austronesian languages and Proto-Austronesian. In T. A. Sebeok (ed.), *Current trends in Linguistics*. Mouton de Gruyter.

チャンダ Chanda, Nayan (2007) *Bound together: How traders, adventurers, and warriors shaped globalization*. Yale University Press.（友田錫・滝上広水訳『グローバリゼーション——人類 5 万年のドラマ』(全 2 巻) NTT 出版, 2009)

知里真志保 (1956)『地名アイヌ語小辞典』北海道出版企画センター.

───── (1974)『知里真志保著作集』(第 4 巻) 平凡社.

塚本　勲 (2006)『日本語と朝鮮語の起源』白帝社.

土田　滋 (1988)「オーストロネシア語族」亀井孝ほか編著『言語学大辞典』第 1 巻：1043-57. 三省堂.

津曲敏郎 (1988)「ウイルタ語」亀井孝ほか編著『言語学大辞典』第 1 巻：744-46. 三省堂.

寺澤芳雄編 (1997)『英語語源辞典』研究社.

デンプヴォルフ Dempwolff, O. (1934-38) *Vergleichende Lautlehre des Austronesian Wartschatzes*. 3 Bde.（Beihefte zur Zeitschrift für Eingeborenen-Sprachen) Verlag Dietrich Reimer.

藤堂明保・加納喜光編 (2005)『学研漢和辞典』学習研究社.

百々幸雄 (2007)「縄文人とアイヌは人種の孤島か?」『生物の科学 遺伝』Vol. 61, No. 2：50-54, エヌ・ティー・エス.

中西　進 (2008)『万葉集全訳注原文付』(中西進著作集 19・20・21) 四季社.

中橋孝博 (2005)『日本人の起源』講談社.

中橋孝博・飯塚　勝 (2010)「渡来系弥生人はどうひろまったのか?——数理モデルを用いて弥生時代の幕開けを考察する」『科学』Vol. 80, No. 4：391-95. 岩波書店.

中村幸彦ほか編 (1982-2003)『角川古語辞典』(全 5 巻) 角川書店.

中本正智 (1992)『日本語の系譜』青土社.

日本大辞典刊行会編 (1972-76)『日本国語大辞典』(全 20 巻) 小学館.

西田龍雄 (1978)「チベット・ビルマ語と日本語」『岩波講座日本語 十二・日本語の系統と歴史』岩波書店.

野田恵剛 (2009)「奈良朝以前の日本語の漢語借用語――小林昭美説の比較言
　　語学的継承のために」『アリーナ 2009』, 196-202. 中部大学人間学研究所.

服部四郎 (1959)『日本語の系統』岩波書店.

ハラリ Harari, Yuval Noah (2011) *Sapiens: A brief history of humankind.*
　　The Deborah Harris Agency. (柴田裕之訳『サピエンス全史――文明の構
　　造と人類の幸福』(全 2 巻) 河出書房新社, 2016)

バクスター Baxter, William H. (1992) *A handbook of old Chinese phonology.*
　　Walter de Gruyter GMBH & Co. KG. (田中孝顕訳『古代中国語音韻学
　　ハンドブック』きこ書房, 2014)

バロウとエメニュー Burrow, T and M. B. Emeneau (1984) *A Dravidian
　　etymological dictionary,* 2nd ed. Oxford University Press. (ドラヴィ
　　ダ語語源辞典日本語版編集委員会『ドラヴィダ語語源辞典』きこ書房,
　　2006)

パーカー, C. K. (1941)『日本・西蔵・緬甸同系論』東亜同文書院志那研究部.

飛田良文ほか編 (2007)『日本語学研究事典』明治書院.

藤尾慎一郎 (2011)『＜新＞弥生時代――五〇〇年早かった水田稲作』吉川弘
　　文館.

ブラスト Blust, R. A. (1970) Proto-Austronesian addeda. *Oceanic Linguistics*
　　Vol. 9, No. 2：104-62.

――― (1980) Austronesian etymologies. *Oceanic Linguistics* Vol. 19,
　　Nos. 1/2：1-181.

――― (1983-84) Austronesian etymologies Ⅱ. *Oceanig Linguistics* Vol.
　　22/23, Nos. 1/2：29-149.

ベネディクト Benedict, P. K. (1942) Thai, Kadai, and Indonesian：A new
　　alignment in Southeastern Asia. *American Anthoropologist* Vol. 44,
　　No. 4, Part 1：576-601

――― (1975) *Austro-Thai：Language and culture, with a glossary of roots.*
　　HRAF Press.

前田富祺監修 (2005)『日本語大辞典』小学館.

前田良一 (2003)『縄文人　はるかなる旅の謎――失われた世界移動線を探る』
　　毎日新聞社.

松本克己 (2007)『世界言語のなかの日本語――日本語系統論の新たな地平』
　　三省堂.

溝口優司 (2010)「日本人形成論への誘い――シナリオ再構築のために」『科学』
　　Vol. 80, No. 4：396-403.

三谷恭之 (1988)「オーストロ・タイ諸語」亀井孝ほか編著『言語学大辞典』第
　　1 巻：1041-43. 三省堂.

ミラー　Miller, Roy Andrew (1971) *Japanese and the other Altaic Languages*. The University of Chicago Press.（西田龍雄監訳『日本語とアルタイ諸語』大修館書店，1981）

────　(1980) *Origins of the Japansese Language*. University of Washington Press.（村山七郎ほか訳『日本語の起源』筑摩書房，1982）

────　(1986) A modest proposal on the origin of Japansese. 馬渕和夫編『世界の言語学者による論集──日本語の起源』，57-103.　武蔵野書院.

ムードレイほか　Moodley Y. et al. (2009) The peopling of the Pacific from a bacterial perspective. *Science* Vol. 323：527-30.

村山七郎 (1979)『日本語の誕生』筑摩書房.

────(1981)『日本語の起源をめぐる論争』三一書房.

────(1992)『アイヌ語の起源』三一書房.

────(1995)『日本語の比較研究』三一書房.

安本美典 (1978)『日本語の成立』講談社.

山田秀三 (1995)『アイヌ語地名の研究』(全 4 巻) 草風館.

山中襄太 (1976)『国語語源辞典』校倉書房.

────(1979)『続・地名語源辞典』校倉書房.

────(2001)『続・国語語源辞典』校倉書房.

山野井徹 (2015)『地質学が明かす黒土と縄文文化』築地書館.

吉田金彦 (1998)『埋もれた万葉の地名』東京堂出版.

李　男徳 (1988)『韓国語と日本語の起源』学生社.

ワームとウイルソン　Wurm, S. A. and B. Wilson (1975) *English finderlist of reconstructions in Austronesian languages (post-brandstetter)*. The Australian National University.

ワトキンズ　Watkins, Calvert (1985) *Indo-European roots in American Heritage Dictionary of the English Language*. Houghton Mifflin.

語彙・地名索引

●著者略歴

近藤健二（こんどう・けんじ）
1943年，愛知県生まれ。1971年，名古屋大学大学院文学研究科博士課程中途退学。名古屋大学名誉教授（学術博士）。1971年から2016年まで，九州大学，名古屋大学，中部大学に勤務。専門は歴史言語学，言語類型学。著書に『言語類型の起源と系譜』（松柏社），『弥生言語革命』（松柏社）などがある。

花咲く大和言葉の森へ──日本語の新起源論から新釈万葉集へ

2020年10月20日　初版第一刷発行

著　者　近藤健二
発行者　森 信久
発行所　株式会社 松柏社
　　　〒102-0072　東京都千代田区飯田橋1-6-1
　　　電話　03 (3230) 4813 (代表)
　　　ファックス　03 (3230) 4857
　　　Eメール　info@shohakusha.com
　　　http://www.shohakusha.com

装幀　常松靖史[TUNE]
組版・校正　戸田浩平
印刷・製本　株式会社平河工業社
ISBN978-4-7754-0266-5
Copyright ©2020 Kenji Kondo